Coordenadora editorial: Tania Lima
Coordenador de comunicação: Marcio Lopes
Capa e projeto gráfico: Jaqueline K.
Diagramação: Rafael Rojas
Preparação e revisão: Equipe Vida & Consciência

1ª edição — 3ª impressão
5.000 exemplares — junho 2017
Tiragem total: 10.000 exemplares

CIP-Brasil. Catalogação na Publicação
Sindicato Nacional dos Editores de Livros, RJ

G25v

Gasparetto, Zibia
Você sempre genital / Zibia Gasparetto. 1. ed. — São Paulo: Centro de Laturas Vida & Consciência, 2016.

ISBN 978-85-7722-484-2

1. Crônica brasileira. I. Título.

CDD: 869.93
CDU: 821.134-3(81).8

© 2016 por Zibia Gasparetto
© iStock.com/pablocalvog

Coordenadora editorial: Tânia Lins
Coordenador de comunicação: Marcio Lipari
Capa e projeto gráfico: Jaqueline Kir
Diagramação: Rafael Rojas
Preparação e revisão: Equipe Vida & Consciência

1ª edição — 3ª impressão
5.000 exemplares — junho 2017
Tiragem total: 40.000 exemplares

CIP-Brasil — Catalogação na Publicação
(Sindicato Nacional dos Editores de Livros, RJ)

G232v

    Gasparetto, Zibia,
    Você sempre ganha! / Zibia Gasparetto. 1. ed. — São
Paulo: Centro de Estudos Vida & Consciência, 2016.

    ISBN 978-85-7722-498-2

    1. Crônica brasileira. I. Título.

16-32241   CDD: 869.98
                            CDU: 821.134.3(81)-8

Todos os direitos reservados. Nenhuma parte desta edição pode ser utilizada ou reproduzida, por qualquer forma ou meio, seja ele mecânico ou eletrônico, fotocópia, gravação etc., tampouco apropriada ou estocada em sistema de banco de dados, sem a expressa autorização da editora (Lei nº 5.988, de 14/12/1973).

Este livro adota as regras do novo acordo ortográfico (2009).

Vida & Consciência Editora, Gráfica e Distribuidora Ltda.
Rua Agostinho Gomes, 2.312 — São Paulo — SP — Brasil
CEP 04206-001
editora@vidaeconsciencia.com.br
grafica@vidaeconsciencia.com.br
www.vidaeconsciencia.com.br

Você sempre
GANHA!
(Aconteça o que acontecer)

Apresentação

Aconteça o que acontecer, mesmo quando as coisas dão errado, você sempre ganha! Não acredita? Mas é verdade! Saiba que a vida tem leis que disciplinam não só o equilíbrio das energias do universo, como também o destino de cada um de nós.

Quem deseja evoluir e ir pela inteligência sem sofrer precisa conhecer as coisas como elas são. Você tem o poder de escolha e o faz conforme suas crenças. E são elas que determinam os acontecimentos em sua vida. Você materializa aquilo em que acredita.

A vida tem leis que monitoram as forças que regem o universo e, de acordo com o somatório das ações dos seres humanos, elas atuam na manutenção do equilíbrio de cada um, priorizando a evolução. Esse é o objetivo maior. Quando você estuda as leis da vida, começa a entender um pouco mais como as coisas funcionam e descobre que a vida não é moralista; ela é funcional! Para materializar um projeto é necessário descobrir os elementos que o façam funcionar. O quanto você quer realizá-lo, a confiança que você tem em si, a disposição de dar seu melhor e criar um caminho baseado na verdade da situação são elementos que, se bem dirigidos, poderão fazer seu projeto dar certo.

Além disso, a vida é muito rica, de tal sorte que não há duas pessoas iguais. Cada espírito é um indivíduo (aquele que não se divide), é único e, embora tenha semelhanças com os demais, tem coisas que são só dele e de ninguém mais.

O caminho de cada espírito, o que ele vai ser, o progresso que deseja alcançar já estão definidos, e ele só vai se realizar, quando encontrar o seu propósito. Leve o tempo que levar, aconteça o que acontecer, ele vai conseguir obter tudo que veio buscar.

Como a vida trabalha por mérito, cada um escolhe livremente como quer viver e colhe o resultado de suas escolhas. Assim, além de avaliar seu desempenho, o indivíduo aprenderá como as leis da vida funcionam.

É claro que ninguém deseja errar, mas, para seguir adiante com sucesso, a pessoa tem de buscar a verdade, enfrentar a própria ignorância, rever seus pontos fracos e jogar fora suas ilusões. O orgulho continua sendo um entrave no caminho da evolução, pois impede que você enxergue suas reais necessidades e perceba os próprios limites, que estão escondidos no subconsciente e agem dificultando tudo o que você deseja fazer. Então, mesmo que você deseje progredir, queira o melhor, não consegue seguir em frente.

Não querer ver e colocar as coisas indesejadas debaixo do tapete são atitudes que só pioram a situação. A vida, que age a favor da evolução, multiplica situações que revelam tudo o que você prefere esconder, a fim de que finalmente você resolva enfrentá-las.

É necessário deixar o orgulho de lado, olhar os próprios erros, analisar suas atitudes e os sentimentos que o fizeram agir daquela forma e se perguntar: Será que não haveria algo melhor para fazer? Que outras atitudes eu poderia ter tomado? Minha situação está ruim, mas, ao tentar ficar no pensamento positivo, eu não estaria sendo falso, uma vez que tudo está indo mal? Faça uma relação de todas as coisas ruins que você vê em sua vida. Exagere nas expressões, vá ao fundo do poço. Relacione todas as coisas ruins que aconteceram na sua vida. Sinta que nada poderia ser pior. Depois de reler várias vezes essa relação, pegue um copo com água, sente-se, respire, tente se acalmar, e depois comece a beber a água devagar. Você vai se sentir um pouco fraco, mas sua respiração já estará mais regular e, aos poucos, algumas lembranças começarão a surgir. A essa altura, seu senso crítico começará a criar algumas imagens engraçadas, e este será o momento de fazer outra lista — desta vez, com todas as coisas boas que você gostaria de ter. Nessa lista, vá mais fundo, seja mais rico, o melhor, o mais inteligente, o mais bonito e o mais amoroso. Pegue seu celular, sorria o mais que puder e tire uma foto. Esse é você! Acredite! Ame sua vida, só faça as coisas do seu jeito, espalhe sua alegria onde estiver, e tudo mudará em sua vida!

Essa é uma escolha que só você poderá fazer. Você está onde se põe! Por que, então, prefere valorizar o mal, mesmo sabendo que tem o privilégio de saber que é um ser eterno, único, com capacidade de criar o próprio destino? Escolha o que quiser, faça o que fizer, leve o tempo que levar, você acabará descobrindo que tudo são apenas caminhos. No fim, aconteça o que acontecer, você sempre ganha!

Zibia Gasparetto

Sumário

1 - Ninguém é de ninguém 13
2 - Falta de confiança na vida 19
3 - Enfrentando a depressão 25
4 - O poder do "trabalho" espiritual 31
5 - Raiva entre mãe e filha 37
6 - Acidente e revolta 43
7 - Contato com os espíritos e tipos de
 mediunidade 49
8 - Sonhos com parentes desencarnados ...55
9 - Adoção e revolta 61
10 - Atraindo o que não quer 67
11 - Assassinos e espíritos malvados 73
12 - Dificuldade de perdoar 79

13 - O desejo de uma vida melhor......... 85

14 - Uma nova chance ao amor............. 91

15 - Quando a vida se torna triste e
complicada............................ 97

16 - A interferência dos mortos em
nossa vida............................103

17 - Vida profissional estagnada...........109

18 - O poder das afirmações positivas... 115

19 - Cartas psicografadas.................121

20 - Sonhos e espiritualidade..............127

21 - Superando a perda de um pai.........133

22 - Quando a fé desaparece..............139

23 - Dinheiro apenas não traz felicidade.....145

24 - Aceitar a morte......................151

25 - Enfrentando uma doença terminal.....157

26 - Pesadelos recorrentes...............163

27 - Reencarnação em família............169

28 - Ele me abandonou. E agora?........175

29 - O medo de ficar só..................181

30 - Sem saber qual rumo seguir
na vida............................187

31 - Todo mundo tem qualidades
e defeitos 193

32 - Libertando-se do passado 199

33 - Como se ligar no bem faz bem! 205

34 - Problemas entre pais e filhos 211

35 - Um peso para arrancar da
consciência 217

36 - Colocar-se em último lugar não
ajuda em nada 223

37 - Sem perspectivas na vida 229

38 - A felicidade é sempre possível 235

39 - Você pode mudar sua vida 241

40 - A falta de amor tem ligação com
vidas passadas? 247

41 - Os caminhos estão fechados
porque... 253

42 - Aprendendo a dizer "não" 259

43 - As tendências do espírito 265

44 - Só vou ficar bem quando... 271

45 - Ser feliz sem sofrer 277

1

Ninguém é de ninguém

A vida de um casal pode virar um inferno devido à influência de espíritos negativos? Antes de ficar comigo, meu amor foi noivo de outra mulher por alguns anos, e acredito que ela tenha jogado uma maldição em nosso relacionamento.

Antes de culpar os outros pelos problemas que você está enfrentando, seria bom analisar melhor seu relacionamento.

Um namoro de quase dez anos pode ter deixado marcas nos dois. A outra pode ter ficado magoada e até lhes ter lançado uma "maldição", como você sugere, mas esse fato não teria provocado nenhum abalo entre você e seu noivo, se ambos não estivessem vulneráveis.

Estar vulnerável é acreditar que sua rival tem esse poder, é abrir a porta para o medo, para a insegurança.

É bom analisar seus sentimentos. Tem certeza de que é amada por ele? No fundo do seu coração, você não estará com medo de que ele não tenha esquecido a outra?

O ciúme aparece quando a pessoa se julga menos, acredita que não merece ser amada de verdade e teme perder o(a) namorado(a). Será que não está acontecendo isso com você?

Para manter um bom relacionamento, é necessário que cada um tenha confiança em si e que, apesar de estarem juntos, ambos tenham espaço para serem o que são, sem apego nem desconfiança.

Dessa forma, se estabelecerá um ambiente de paz e harmonia entre vocês, que os tornará cada dia mais unidos, impedindo, assim, a interferência de energias desequilibradas.

Do contrário, a relação, que deveria trazer felicidade, acaba provocando sofrimento. E, em uma relação tumultuada, cheia de altos e baixos, que atrai energias negativas, poderá ocorrer a interferência de espíritos ignorantes, que, por sua vez, se divertem em provocar situações estressantes entre o casal.

Nos diálogos, um diz uma coisa, o outro entende outra, criando, assim, confusão. Ambos acabam achando que têm razão e discutem sem parar, provocando pequenos fatos que geram desconfiança, sugerindo infidelidade, traição e criando telas mentais, em que um vê o outro praticando atos amorosos com outra pessoa.

Ou então, se um percebe que o outro tem uma autoimagem negativa, fica ao lado da pessoa sugerindo que ela não merece ser feliz, que não é amada e que o relacionamento está acabando.

Quando as pessoas dão acesso a pensamentos negativos, isso pode tornar a vida de um casal um inferno. Se o relacionamento entre vocês está ruim é porque vocês abriram a porta para o mal, aceitando as sugestões de pensamentos negativos, e não porque a outra lançou uma "maldição".

Para combater essa situação, você pode até procurar um centro espírita, fazer um tratamento espiritual, mas, se não tomar posse de sua mente, se não gerenciar seus pensamentos, jogando fora todo o mal, não conseguirá livrar--se dessas energias.

Acredite que ninguém é de ninguém. Cada um precisa ser livre para ser como é. Ter um relacionamento não é um pertencer ao outro. O apego só fará o amor acabar. A melhor maneira de conservar o amor é colocando-se em primeiro lugar, valorizando-se, acreditando que merece ser amada e não querendo dominar o outro.

Quanto mais você der espaço ao outro, permitindo que ele continue sendo como é, em vez de querer modificá-lo, — o que nunca irá conseguir —, mais ele a amará. Principalmente se você colaborar com sinceridade para que ele desenvolva sua capacidade pessoal.

Mas, se você percebe nele fraquezas que a infelicitam, não tenha medo de acabar com esse relacionamento, na certeza de que você merece e vai encontrar alguém melhor.

**Acredite na sua força.
O mal não é e jamais será
mais forte que o bem!**

Você sempre ganha!

2

Falta de confiança na vida

Tenho uma loja, mas estou prestes a fechá-la, porque não está dando mais. Eu me sinto sem forças, sem ideias e desanimada. Sinto que estou amarrada, presa. Sempre quis trabalhar por conta própria. Quando estava empregada, tinha boas ideias e a certeza de que dariam certo. Agora que sou livre, não vem nada. Sinto-me aérea, com sono, e tenho tido sonhos com cenas tristes. Só consigo dormir muito tarde e não acordo cedo. O que fazer para melhorar?

Ao morrer, pessoas muito materialistas, sempre que são convidadas por espíritos bons para irem viver em um lugar melhor e mais adequado, não aceitam e preferem ficar na crosta terrestre. Sentem fome, frio, sede, vontade de alimentar os vícios aos quais se habituaram no mundo e até os sintomas das doenças que o levaram à morte. Para suprir suas necessidades, aproximam-se de pessoas desavisadas e sugam-lhes as energias, o que lhes dá relativa satisfação. Isso, no entanto, deixa as pessoas mal. Essa situação é assustadora e nos faz indagar: por que a vida permite essa invasão de privacidade? Por que algumas pessoas sofrem o assédio desses espíritos desequilibrados e outras nunca foram invadidas? O que faz a diferença?

A diferença está na maneira como a pessoa se vê e vê a vida. Estou certa de que você não está se vendo como é, não prioriza o que sente e deu força a falsas crenças aprendidas, que estão "amarrando" seu desempenho. Não tomou posse de sua vida e abriu uma brecha, atraindo espíritos que estão sugando suas energias.

Procurar ajuda em um centro espírita vai aliviá-la, mas só sua mudança interior a fará sair definitivamente desse círculo vicioso. Para começar, sugiro o seguinte: Coloque-se diante do espelho e, olhando-se nos olhos, diga várias vezes: "De hoje em diante, vou me colocar em primeiro lugar. Só farei o que me faz bem e direi 'não' quando for preciso. Não aceito nada que possa me infelicitar". Depois, sente-se em um lugar sossegado, feche os olhos e sinta o que vai dentro do seu coração.

Se pensamentos negativos surgirem, não lhes dê importância, pois, agindo assim, eles vão desaparecer [importar significa colocar para dentro de você].

Sinta como gostaria que sua vida fosse dali para frente. Pense alto. Descubra o que lhe traria alegria. Acredite nessa possibilidade e não tenha medo de ousar. Faça projetos ambiciosos de sucesso. Jogue fora todas as crenças limitantes e incapacitantes. Você pode tudo! Você é livre para escolher, e os resultados vão aparecer conforme o que você escolher. Escolha sempre o melhor! Você merece!

Fique atenta ao que sente e ligue-se ao seu espírito. Ele tem um projeto divino para sua vida.

Essa programação é uma conquista do seu espírito, que se preparou no astral e está pronto para vir testar suas conquistas. Ele sabe o que veio fazer aqui. Ligue-se a ele, direcione-se pelo caminho certo, sinta o que ele quer e faça. Projetos novos vão aparecer, ideias boas vão surgir, sua verdadeira vocação vai aparecer e motivar sua realização. Não se admire se o rumo de sua vida mudar completamente. Siga sua intuição sem medo. E, quando você estiver no rumo certo, as coisas boas que deseja virão nas suas mãos. Você estará trabalhando a favor dos projetos da vida e ela lhe responderá oferecendo-lhe muito mais do que você ousaria desejar. Acredite, tudo está disposto a favor do seu sucesso. Experimente e verá!

Acredite que você tem capacidade e competência. Faça o seu melhor e confie na vida. Jogue fora os medos e siga adiante. Você merece!

Você sempre ganha!

Enfrentando a depressão

Os sintomas das doenças podem continuar depois da morte?

Tudo que Deus faz é perfeito. Nossa alma foi criada perfeita, porém ignorante, para que tenha oportunidade de conquistar a sabedoria por mérito próprio.

A inteligência divina criou leis cósmicas, perfeitas e eternas, que disciplinam todas as coisas dentro e fora deste planeta, nos oferecendo tudo de que precisamos para nossa evolução. Ela não faz a parte que nos cabe, mas age por meio de nós, criando desafios e situações que, se aceitos, poderão facilitar nosso progresso com menos atrito.

Além disso, a inteligência divina permite que os mais evoluídos [tanto os encarnados como os desencarnados] nos inspirem para o bem e que os mais atrasados tentem nos arrastar para o mal, para nos dar a chance de utilizar nosso livre-arbítrio para colhermos o resultado das nossas escolhas, tornando-nos responsáveis por tudo o que nos acontece.

Nós somos responsáveis por nossa depressão e pelas doenças que surgem, ambas provocadas por crenças aprendidas que distorcem a realidade. Quando entendemos que os desafios ocorrem para nos fazer progredir e nos trazer lições que precisamos aprender, nos colocamos a caminho da recuperação da saúde e do equilíbrio emocional.

Se você se magoa por qualquer coisa, se revolta quando a vida não faz o que você quer, se julga incapaz, não atentando para o potencial imenso que carrega dentro de si, se julga vítima e culpa os outros por seus problemas, acaba provocando disfunção em seu sistema imunológico e criando um clima favorável à depressão, às doenças, à infelicidade.

Como a alma gosta de alegria, de felicidade, de bondade e de bem-estar, quando você entra nesse clima emocional perturbado, parte dela se afasta, deixando um vazio que você sente, mas não consegue definir. Sua depressão se acentua, e você, consequentemente, não encontra mais prazer em nada, inclusive em comer o que gostava.

A procura de um terapeuta ou de ajuda espiritual alivia, mas a cura definitiva depende exclusivamente de você. Não é tão difícil quanto se supõe. Basta se ligar com sua alma, procurando sentir seu coração e ter uma atitude de aceitação em relação às coisas que não pode mudar, e modificar o foco de seus pensamentos, optando pelo otimismo e procurando enxergar todas as coisas boas que você tem. E cuidar da sua vocação, ocupando-se com algum trabalho que lhe dê prazer, também o ajudará.

Quando alguém morre, leva consigo toda a bagagem emocional que criou durante a vida na Terra, como crenças, ilusões, mágoas e, conforme o caso, até doenças.

A crença de que ficar durante muito tempo em uma UTI antes de morrer "depura" o espírito é uma ilusão. O espírito guarda as impressões do sofrimento e precisa ser tratado em um hospital do astral, para livrar-se das energias que acumulou.

Cultivar o ódio, a vingança e a agressividade pode lesar partes do corpo astral [o corpo que sobrevive à morte]. Com isso, o espírito sofre os males relativos, mesmo vivendo fora da Terra e, nesses casos, só a reencarnação em um novo corpo poderá eliminar essa disfunção. Como o corpo astral é o organizador biológico do novo corpo de carne em formação, sua disfunção pode impedir que ele gere um corpo físico perfeito, ocasionando assim, problemas no recém-nascido.

Portanto, cultivar a alegria e o bem e dominar os pensamentos ruins trazem bem-estar, felicidade e saúde às pessoas. E o melhor de tudo isso é que o poder está em suas mãos. Só você pode tornar sua vida melhor. Não acha que isso vale a pena?

Se as pessoas soubessem que, quando entram na queixa, na culpa e na depressão, baixam o teor de suas energias e se tornam presas fáceis dos espíritos infelizes, nunca se deixariam levar pela tristeza. E aprenderiam a lutar para manter a alegria, mesmo quando os acontecimentos não se apresentassem como elas gostariam.

Você sempre ganha!

4

O poder do "trabalho" espiritual

Quando uma pessoa faz "trabalho" espiritual para outra, para conquistar um amor, para nunca se separar, seja lá o que for, isso pode realmente surtir efeito? Caso funcione, como desfazê-lo?

Pode surtir efeito desde que a pessoa visada esteja vulnerável. Se for uma pessoa segura, que confia em si, positiva, não será atingida.

Se todas as macumbas que a maldade humana engendra "pegassem", não haveria ninguém bem.

O motivo de haver tantas pessoas que buscam esses meios para conseguir o que desejam é porque elas não se conformam com a realidade, nem procuram entender por qual motivo a vida lhes está negando o que querem. Em vez de se perguntarem: "O que a vida quer me ensinar com isso?", preferem forçar a barra, manipulando os acontecimentos e chegando a extremos de consequências sempre desastrosas.

A vida é sábia e livre. Ninguém conseguirá manipulá-la. A sabedoria está em aceitar o que não pode mudar e mudar o que depende só de você mesmo, procurando cultivar energias boas que você só consegue atrair quando está no bem.

Nem sempre o que a pessoa julga ser um trabalho de magia foi feito por alguém com a ajuda de espíritos, seja para o que for.

Se tudo vai mal e você teme que esteja sendo vítima de magia negra, ou de obsessão, o melhor é procurar um lugar que trabalhe só para o bem e fazer uma consulta espiritual, porque muitas vezes o emocional descontrolado costuma atrair espíritos infelizes, que se valem dos pontos fracos das pessoas para dominá-las.

É também por meio de um emocional descontrolado que as pessoas se tornam vulneráveis aos trabalhos de magia.

A educação do espírito, dominando os pensamentos depressivos, os medos, a maledicência, a inveja etc., e a confiança em Deus como provedor de todas as benesses em sua vida faz com que você se torne imune ao mal e sinta um grande bem-estar.

Quem está desenvolvendo a mediunidade também precisa seguir esse mesmo caminho, porquanto ele tem muito a ver com o tipo de personalidade da pessoa.

A lei da atração funciona sempre. O bem atrai o bem, o mal atrai o mal. Parece simples, mas não é, porque muitos pensam que estão agindo bem, quando, na verdade, estão prejudicando as pessoas com sua atitude. Para saber a diferença, é bom observar os resultados de sua atitude. O verdadeiro bem nunca pode chegar a um mau resultado.

Para descobrir o quanto seu emocional está descontrolado, você precisa se recolher, entrar no seu coração e prestar atenção aos pensamentos habituais que circulam em sua cabeça.

Se for preciso, faça uma lista deles, leia-a várias vezes, depois rasgue-a e declare que não deseja mais cultivar esses pensamentos.

Se ficar difícil livrar-se dos pensamentos ruins em um primeiro momento [eles retornam de tempos em tempos para serem jogados fora], procure não lhes dar importância. Assim, chegará o dia em que você não os terá mais. Procurando ajuda em um centro espírita, você pode até sentir alívio, melhorar, mas, se não cuidar do seu emocional, eliminando a causa real dos seus problemas, ele será temporário e, depois de algum tempo, tudo voltará até pior do que era antes.

Em razão de tudo isso, o melhor é começar desde já a sua educação interior, eliminando crenças aprendidas e que não são verdadeiras. Reconhecendo que você foi criado à semelhança de Deus e que dentro do seu espírito brilha a luz eterna, você colocará sua força do seu lado, se sentirá protegido e forte e conquistará a felicidade que é sua por direito.

Importar-se com a maldade é absorvê-la. Não ligar é deixar ir e imunizar-se.

Você sempre ganha!

5

Raiva entre
mãe e filha

Minha mãe sempre me afirmou que sou fruto de um estupro. Não acredito nessa história. Ela vive me rogando praga, dizendo que sou um ser infeliz e que não presto. Sinto que ela tem raiva de mim. Nunca me deu carinho, atenção, e eu também era agressiva com ela. Com a maternidade, eu mudei, passei a ser mais compreensiva e tolerante. Mesmo assim, a raiva dela só aumenta em relação a mim. Gostaria de saber se isso é algo ligado a uma vida passada.

Antes de você pensar que os problemas que tem com sua mãe têm origem em uma vida passada, é preciso analisar as possíveis causas atuais.

Se seu nascimento foi causado por um estupro, ou se ela apenas quis justificar esse relacionamento dessa forma, por não querer parecer diante dos seus olhos como uma mulher fácil, só ela poderá dizer. O que fica claro é que esse relacionamento deve ter sido muito difícil para ela. Deve ter saído dele revoltada, magoada, infeliz, o que a fez projetar essa revolta em você. É injusto isso, mas sua presença é a lembrança viva de uma relação que a fez sofrer muito. Quando ela a olha, lembra-se do que lhe aconteceu e se descontrola.

Dizendo isso, não estou defendendo as atitudes dela. O que eu quero é que você considere melhor os fatos e entenda os motivos que a levaram a proceder dessa forma. A criança não é responsável pelos erros dos pais, mas ela não tinha condições de entender isso.

Você também não soube lidar com sua mãe, reagiu e tornou-se tão agressiva e revoltada quanto ela. Violência atrai mais violência. Vocês criaram uma guerra dolorosa da qual certamente ambas saíram feridas.

Você está com trinta anos, e a maternidade a sensibilizou. Você mudou, lamenta essa situação e gostaria de encontrar uma solução de paz. Por que você nasceu desse relacionamento mal-acabado? O que a vida quer lhe ensinar com isso?

Pode ser que a causa esteja em um relacionamento mal-acabado entre vocês em uma vida passada. Mas, segundo o que os espíritos amigos nos dizem, os programadores que planejam as reencarnações costumam juntar pessoas que não se conhecem e que podem aprender muito umas com as outras. Eles reúnem os que têm os mesmos pontos fracos, para que um sirva de espelho ao outro. Seu caso poderia ser um deles. Você se queixa de sua mãe, mas agia igual.

Com o tempo, aprendeu, evoluiu e quis agir de outra forma. Dentro do grupo familiar, você pode trabalhar todos os pontos fracos que ainda tem, melhorar seu senso de realidade e tornar-se uma pessoa melhor.

Não se preocupe com sua origem. Pense que sua mãe é como é e só vai mudar quando ela quiser. Aceite essa realidade. Não leve tão a sério as atitudes dela, pois ela fez só o que sabia fazer e não o que você gostaria.

Apesar de tudo, sua mãe deu-lhe a vida e com ela a oportunidade de nascer na Terra para aprender a viver. Por esse motivo, ela merece sua gratidão. Se você não puder lhe dar amor, ofereça respeito. Todas as pessoas têm vários lados; procure ver o melhor dela e mude o modo como a trata. Aos poucos, ela também mudará com você.

Mande o passado embora e viva no presente. Cuide de você com carinho. Desenvolva suas qualidades e controle os pontos fracos. Acredite que você merece e pode ter uma vida boa, cheia de amor e de paz. Experimente e verá!

Não é só o amor que cria laços entre as pessoas. O ódio e a revolta também unem. É por isso que precisamos trabalhar nossas emoções e compreender que cada pessoa é o que é e só dá o que tem.

Você sempre ganha!

6

Acidente e revolta

Há três anos, fui atropelada no ponto de ônibus por um motorista imprudente. Perdi a perna esquerda, a direita recebeu placas de metal, e eu também fraturei o braço direito e duas costelas, ficando um mês no hospital. Depois disso, me tornei uma pessoa magoada, revoltada e não consigo perdoar aquele que ocasionou o acidente. Por que aconteceu isso comigo? Me dê uma luz para que eu possa continuar a viver.

Não dá para saber por que isso aconteceu, mas apesar da gravidade do acidente, você sobreviveu, o que significa que ainda tem muitas coisas a realizar neste mundo.

Não é fácil esquecer os momentos difíceis que passou, nem a dor que sofreu, mas entregar-se à mágoa, à tristeza e à revolta não vai tornar sua vida melhor.

Você me pede uma luz para iluminar sua vida, mas, por mais que eu deseje ajudá-la, não tenho como, porque só você tem o poder de fazê-lo, usando sua força interior na conquista da lucidez para o progresso do seu espírito. É muito provável que o acidente que você sofreu seja a abertura desse caminho para que possa desenvolver seus valores espirituais.

Ninguém passa pelo que você passou sem mudar a forma de olhar a vida. Você está viva, lúcida, forte, porquanto venceu a morte várias vezes. Não subestime sua força. Use-a para vencer a depressão e conquistar a alegria de viver. Você pode e precisa reagir.

Você não conheceu pessoalmente o causador do acidente, mas disse que, no ano passado, sonhou com ele, viu-o perfeitamente e me perguntou o porquê disso. Você não o perdoa, então é muito provável que, durante o sono, seu espírito saia do corpo para ir até onde ele está para cobrar-lhe contas do que ele lhe fez. Ele deve saber o que lhe aconteceu e deve estar se sentindo tão culpado que não teve sequer a coragem de ir vê-la. Você está magoada, e ele sente-se culpado, embora não tenha tido a intenção de agredi-la. Enquanto alimentarem esses sentimentos desagradáveis, vocês permanecerão ligados.

Seu caso foi uma fatalidade. Se não tivesse que passar por isso, esse acidente não teria acontecido. E se não fosse o motorista que a atropelou, o acidente teria acontecido de outra forma. Durante esse tempo, ambos devem ter aprendido muito. Você deve ter desenvolvido paciência e gratidão pelas pessoas que a auxiliaram.

Você não disse como está fisicamente, mas estou certa de que seu espírito está muito mais lúcido, preparado e forte para vencer qualquer desafio. Não perca tempo com o que passou. Reaja. Procure ajuda psicológica e espiritual e acredite que pode ser feliz. Deixe o passado passar. A vida ajuda quem se ajuda. Confie e faça seu melhor.

Sempre que se lembrar dos momentos ruins, olhe em volta e sinta como é bom estar viva, poder usufruir da convivência das pessoas que você ama, enxergar a beleza do céu, do sol, das flores, dos pássaros, respirar e sentir o prazer de viver. Não escolha ser vítima pelo resto da vida. Você está onde se põe. Para recuperar a alegria de viver, precisa descobrir o que lhe dá prazer: um bom livro, uma música gostosa, uma conversa com amigos. A troca entre pessoas queridas é prazerosa. Você só precisa querer e investir no seu bem-estar. Você merece.

Daqui para frente, torne-se otimista e, seja qual for a situação, coloque-se em primeiro lugar e trabalhe a favor da sua felicidade. Agindo assim, estou certa de que tudo mudará para melhor. Para mim, você é uma vencedora. Estou torcendo pelo seu sucesso.

Em todos os fatos, mesmo os que chocam pela tragédia, haverá sempre o lado do benefício que todos só reconhecerão mais tarde. Portanto, aceitar os fatos com entendimento e tentar aprender o que eles querem nos ensinar é o primeiro passo para a conquista da sabedoria e da serenidade.

Você sempre ganha!

7

Contato com os espíritos e tipos de mediunidade

Como uma pessoa se sente quando incorpora um espírito? Ela se lembra do que aconteceu? Tem controle sobre isso? Quais são os tipos de mediunidade? Uma pessoa pode apenas ouvir ou sentir a presença deles pelo olfato? Pergunto-lhe porque sinto cheiros que ninguém sente — de charuto, principalmente!

A mediunidade tem particularidades e depende do grau de sensibilidade de cada um, do nível espiritual que a pessoa tem e de como ela lida com seu emocional.

O transe pode ser lúcido. Nele, a pessoa sabe o que está acontecendo e observa o fato como se fosse um assistente, reagindo em pensamento ao que o espírito diz. Como pode também ficar fora do corpo e, nesse caso, quando volta, não sabe o que aconteceu. Esse último caso é muito raro e, segundo as estatísticas, em cada cem médiuns apenas um é inconsciente. Vale dizer que, mesmo assim, o espírito do médium, estando fora do corpo, pode ficar ao lado e saber de tudo o que está acontecendo.

Entretanto, é comum, acontecer que, mesmo estando consciente durante o transe, pouco depois que ele acaba, o médium esquece completamente o que o espírito disse por seu intermédio.

Quando um espírito se liga em alguém, a pessoa passa a sentir tudo o que ele sente, como se fosse seu. Se for um espírito desequilibrado, doente, viciado, deprimido, o médium sentirá como se tivesse esses problemas. Poderá sentir dor, falta de ar, arritmia, enjoo, atordoamento, medo, tristeza, vontade de beber, irritação e inquietação. Se a pessoa procurar um médico, ele não vai conseguir encontrar nenhuma doença, mas os sintomas estarão lá. Se a pessoa tomar remédio, ele não vai fazer nenhum efeito.

Se um espírito bom, iluminado, se ligar a uma pessoa, durante o transe a pessoa se sentirá mais lúcida, seus pensamentos ficarão claros e ela terá disposição, vontade de ser generosa e entusiasmo de viver.

A proximidade de pessoas encarnadas também pode provocar esses fenômenos, até com maior intensidade que os espíritos.

Há médiuns que são mais sensíveis aos odores, que são agradáveis ou ruins conforme o espírito que se aproxima. O odor muito ruim indica a presença de espíritos trevosos, voltados à prática do mal. Já o cheiro de ervas ou de charutos vêm de espíritos que cuidam da natureza e trabalham para o bem. Quem sente esses odores pode estar sendo convidado a trabalhar com eles.

Só a pessoa que gerencia suas emoções tem o controle sobre o transe, ficando atenta ao padrão de seus pensamentos e não se impressionando com ideias negativas. Nós temos o poder de escolher o que queremos, mas, se não ficarmos firmes nos pensamentos positivos, ignorando os demais, seremos dominados por aqueles que se aproveitam dos nossos pontos fracos.

Se quisermos ficar bem, temos que ficar no bem. Estudando os fenômenos de relacionamento entre as pessoas, não nos impressionando com os dramas dos outros, observando como a vida funciona, e o que cada um escolhe, descobriremos que a Inteligência Divina cuida de tudo e de todos com mais sabedoria do que nós.

Quando não temos como ajudar alguém [e a ajuda só funciona se for inteligente], é melhor não fazer nada, confiar na vida e deixar que ela faça seu trabalho. Nós não temos que salvar o mundo. É muita pretensão querermos fazer o que está fora da nossa competência. Quando fazemos bem a nossa parte como cidadãos, trabalhando a favor da vida, estamos fazendo tudo.

A espiritualidade abre nossa consciência, traz sabedoria e ilumina a alma. Todos desejamos ser felizes, conquistar a paz e ter prosperidade. Para obter tudo isso, devemos aprender as leis cósmicas que regem o universo.

Você sempre ganha!

8

Sonhos com parentes desencarnados

Há quatro anos, perdi minha avó a quem eu amava muito. Era como se fosse minha mãe. Ela nos deixou de forma inesperada, e eu não pude lhe dizer a tempo o quanto a amava e me sinto triste por isso. Por esses dias, minha filha sonhou com ela abatida, triste, e gritava que era por uma maldição minha, rezou e ela se acalmou. O sonho pareceu real, e eu acredito que ela esteve com minha avó, que passa por momentos difíceis. O que fazer em relação a isso? Se puder me orientar, agradeço-lhe.

Nosso nascimento na Terra é sempre comemorado, mas não sabemos quando seremos chamados de volta para a vida astral. Talvez por temer a morte, as pessoas não gostem de pensar que um dia terão de deixar tudo e voltar para sua pátria de origem. Elas procuram segurança nos bens materiais, que, embora contribuam para melhorar a estadia, pertencem a este planeta e aqui ficarão quando formos embora.

Deixaremos aqui também o corpo físico, as pessoas que amamos, a profissão, a rotina, a casa, os amigos, os demais bens que amealhamos, os hábitos, os assuntos mal resolvidos e as frustrações por não termos feito tudo que gostaríamos. A morte é irreversível, mas não é o fim. A vida continua em outras dimensões do universo. Quem morre precisa aceitar e adaptar-se às novas condições de vida.

O espírito de sua avó está triste, revoltado, culpando-a pelo que está sofrendo. Tenho a impressão de que ela já costumava fazer isso quando estava vivendo aqui. Sempre culpava os outros por seus problemas. Nunca assumia os próprios erros e era muito exigente na cobrança das atitudes alheias. Talvez por esse motivo vocês duas brigavam.

A intolerância, a cobrança, a crítica irritam e tornam o ambiente familiar desagradável. Além disso, abre uma brecha energética para que espíritos perturbadores e sugadores de energias das pessoas desavisadas se aproveitem, interfiram e agravem a situação.

Sugiro que você vá para um lugar sossegado, imagine que sua avó está na sua frente, diga-lhe tudo o que sente e que não pôde dizer em vida. É muito provável que ela tenha se recusado a seguir com os espíritos socorristas, que recebem todos os que partem da Terra, e tenha preferido ficar perto da família, com medo do desconhecido.

Explique a ela que é melhor aceitar a ajuda que lhe está sendo oferecida e seguir adiante. É perigoso para um recém-desencarnado, inexperiente como ela é, permanecer vagando sem saber para onde ir, pois sua avó poderá envolver-se em muita confusão com espíritos perturbadores.

Diga-lhe que ela vai receber tratamento e, quando estiver bem, estará protegida e poderá visitá-la sem perigo.

Reze com ela, envie-lhe energias de amor e mentalize a luz branca do Cristo em volta dela.

Estou certa de que essa atitude a ajudará e você vai sentir um grande bem-estar também. Você diz sentir que lhe falta alguma coisa. A felicidade, a alegria, o bem-estar precisam ser conquistados a cada dia. Você não precisa de grandes acontecimentos para sentir felicidade. Apenas não dramatize, não se queixe, esqueça as faltas e valorize o que tem. Cultive a alegria, sinta o que gosta, empenhe-se em manter sua casa arrumada, perfumada, florida, leia muito, atualize-se, tenha sempre um assunto positivo para comentar e coloque muito amor em tudo que fizer. Capriche no seu visual, valorize a beleza em tudo e cuide muito de si. Sinta o prazer de viver.

Agindo assim, estará criando uma ligação espiritual muito agradável, profunda e verdadeira com a vida, com os que você ama, criando, assim, laços eternos, que nem a morte poderá romper.

A morte é irreversível, e, quando você não a aceita, a pessoa que partiu não segue adiante, não vai para frente.

Você sempre ganha!

Adoção
e revolta

Há alguns anos adotei um recém-nascido.
Eu e meu marido ficamos encantados com
o neném. Hoje, ele tem 16 anos, mas desde
os 4 dá trabalho em casa e na escola.
É agressivo, violento. Fez acompanhamento
psicológico até os 10 anos. Desisti por não
ter nenhum resultado, pois ele ficava cada
dia pior. Atualmente, nosso relacionamento
é insuportável. Ele me agride com palavras,
ameaça me bater, e eu acabo também
partindo para a agressão. Não sei por que
ele me odeia tanto. Eu o amo muito, no

entanto, por mais que tente me aproximar, ele me rejeita e recusa meus carinhos. É como se me culpasse por alguma coisa que eu não sei o que é.

O espírito desse menino tem profunda ligação com você de outras vidas, quando os fatos que criaram a rejeição que ele sente podem ter ocorrido. Naquele tempo, é provável que ambos tenham cometido erros e estabelecido a ligação de ódio que continua se refletindo até hoje.

Acredito que você, ainda vivendo no astral, tenha progredido espiritualmente, amadurecido, se arrependido dos excessos cometidos e desejado reparar seus erros. Entretanto, ele ainda permanece preso aos sentimentos negativos, encarcerado no passado, do qual não tem conseguido sair. Se Deus colocou esse menino em sua porta foi porque você tinha condições de auxiliá-lo a vencer esse antagonismo e refazer o próprio caminho.

Sempre que acontece um fato desagradável, a forma como a pessoa o interpreta vai determinar o nível de reação que terá. Melhor para quem for otimista; pior para quem for dramático.

Não se culpe por nada. Você não sabe o que aconteceu de fato. Deixe o passado passar e confie na vida. Tenha paciência com ele e tente não se irritar com o que seu filho lhe diz. Quando ele tiver uma atitude agressiva, olhe firme nos olhos dele, pense no amor que sente e imagine que uma luz do alto está descendo sobre ele.

Se sentir que é difícil fazer isso, procure ajuda espiritual em um centro espírita a fim de fortalecer suas energias e torná-la imune às energias negativas que ele joga sobre você. Embora seu filho tenha temporariamente esquecido os fatos do passado, tais fatos ainda estão em seu inconsciente e reagem automaticamente, sempre que algo toque, ainda que de leve, essas reminiscências.

Procure sair do "papel" da mãe que tem o "dever" de reagir sempre que se sente ofendida, nem se deixe envolver por aqueles que "acham" que você deva fazer isso ou aquilo. Seja verdadeira e faça só o que seu coração sente. Não insista em demonstrar seu afeto, para não provocar uma reação oposta. Fique "na sua".

Mas, sempre que seu filho estiver mais calmo, crie um ambiente descontraído, alegre, agradável. Converse sobre artes, música, livros, use sua criatividade, mostre seus lados positivos, sem exageros, com naturalidade.

Converse com seu marido e com os outros filhos, peça-lhes para unirem-se a você e, participarem desse esforço de renovação e progresso e para evitar provocações e contribuírem para que o ambiente de sua casa seja mais alegre a cada dia.

Tenho certeza de que, agindo dessa forma, você conseguirá vencer esse desafio. Comece agora e seja paciente; mesmo que a reação positiva demore um pouco mais, insista em manter essas atitudes. Seu menino não é mau como alguns pensam; é apenas um coração ferido por não saber lidar melhor com os desafios do amadurecimento.

Pense na alegria que todos vocês terão, quando ele conseguir transpor os limites que o mantêm preso, se libertar, abrir o coração a novos conhecimentos e desfrutar de uma vida melhor e mais feliz. Com a vitória, você também se libertará e se sentirá forte, confiante e mais feliz!

Uma criança é colocada pela vida no local onde precisa estar para desenvolver seu espírito. Foi Deus quem a juntou a seus pais e todos eles, entre si, encontram-se presos a laços do passado que não nos será lícito romper. É por meio dessa vivência que eles aprenderão a se amar e a apagar lutas passadas.

Você sempre ganha!

10

Atraindo o
que não quer

Apesar de ter horror a fofocas e fazer tudo para me manter longe delas, volta e meia sou alvo de boatos. Fico muito triste, porque não faço nada para que isso aconteça, pelo contrário. Então lhe pergunto: se na vida o que existe é a lei do retorno, por que pago por algo que nunca fiz ou faço?

A vida é a sabedoria da inteligência Divina em ação, portanto ela nunca erra. É bom entender: você julga-se uma vítima "pagando" injustamente por algo que não fez. Isso não é verdade. As leis divinas não "cobram" nada de ninguém. Deus não pune nem castiga alguém por cometer erros. Eles são naturais ao nível de evolução de cada um e ensinam mais do que os acertos.

A lei do retorno à qual se refere é a vida, que oferece ao espírito, que obtém uma nova encarnação neste mundo, situações em que ele terá chance de exercitar seu livre-arbítrio, colhendo o resultado de suas escolhas, desenvolvendo a consciência e tornando-se uma pessoa melhor.

Portanto, você é responsável por tudo o que acontece em sua vida. Ninguém é vítima. Saia dessa postura, se deseja descobrir a razão do seu problema.

Você está atraindo os acontecimentos aos quais se refere e não está percebendo como tem feito isso. A lei da atração é uma constante em nossas vidas.

Diante dos fatos que a incomodam, seria melhor se perguntar: o que a vida quer me ensinar com isso?

Talvez ela queira mostrar-lhe que você se importa mais com os outros do que consigo mesma e que valoriza demais o que os outros pensam sobre você, imaginando que está diante de uma plateia interessada em julgar todos os seus atos. Esse sentimento revela insegurança e autoimagem negativa. Você não se admira, não enxerga suas qualidades e sente-se pequena em relação aos outros, acreditando que eles são maiores do que você. Quem em sua família costumava colocá-la sempre para baixo? Está na hora de crescer e inverter esse processo. Comece enumerando todas as coisas boas que já fez e as vitórias que conquistou. Reconheça todas as qualidades que guarda no coração, o que deseja fazer de bom, sinta sua bondade, reconheça que é uma pessoa boa e interessada em fazer o bem.

Você é uma pessoa capaz de atrair o bem em sua vida. Reconheça que mesmo assim nunca conseguirá agradar a todos, pois sempre encontrará quem pense de maneira diferente da sua, o que é natural.

Ninguém conhece o seu íntimo como você mesma. Assim sendo, todas as opiniões dos outros não são verdadeiras. Portanto, o melhor é não lhes dar importância.

Quando você reconhece isso e tem confiança de expressar o que sente, torna-se verdadeira. Quando uma pessoa assume sua verdade interior, ela conquista o respeito de todos, mesmo que alguns discordem de sua maneira de ser.

Tenha paciência com seus pontos fracos, mas, sempre que eles se manifestarem, procure descobrir como melhorar, sabendo que as recaídas servem para que você os redimensione e analise com a finalidade de tornar-se uma pessoa melhor.

Coloque-se sempre em primeiro lugar, valorizando seus sentimentos. Ocupe seu espaço, sem competir com ninguém, permitindo que cada um siga seu caminho, desde que não avance além daquilo que é seu. Reaja sempre que alguém tentar invadir sua intimidade, que é um direito seu preservar.

Agindo assim, você transformará essa incômoda situação, atrairá para sua vida momentos de satisfação e de alegria, se tornará forte, desfrutará de paz e descobrirá o prazer de viver e de se relacionar com as pessoas. Essa conquista está em suas mãos!

Ao julgar-se vítima da maldade alheia, a pessoa abdica do próprio poder e torna-se vulnerável ao domínio de pessoas ignorantes nos dois planos da vida. Se ficar no positivo e acreditar em coisas boas, vencerá tudo!

Você sempre ganha!

11

Assassinos e espíritos malvados

O que acontece com um espírito malvado — assassino e por aí vai —, quando ele desencarna?

Certa vez recebi uma carta de um presidiário onde ele afirmava literalmente:

Eu matei algumas pessoas, porque elas estavam me enchendo o saco. Agora, elas estão à minha volta, me atormentando. Eu os vejo ora como vultos escuros, ora claramente me dizendo que vão acabar comigo. Eles não me deixam dormir. Não tenho paz. Não aguento mais. Um colega me emprestou um livro da senhora. Sei que entende dessas coisas e peço-lhe que me ajude a afastar esses espíritos.

Em sua carta, ele não se mostrou nem um pouco arrependido do que fez, só desejava afastar os desafetos e ficar bem. O que eu ou outra pessoa poderia fazer para ajudá-lo em um caso desses?

Ele tentou se libertar dessas pessoas que o incomodavam, apelando para a violência, sem saber que a vida continua e que elas, assim, poderiam continuar a atormentá-lo ainda mais depois da morte do corpo.

Claro que esses espíritos, ao se entregarem à vingança, escolheram o caminho pior, porque dessa forma poderão prolongar essa situação que ambos estão alimentando por muitos anos.

Enquanto uma das partes não entender que a violência não resolve nenhum problema, desistindo da vingança, se abrindo para o entendimento, enxergando seus próprios erros e desejando melhorar, poderão passar várias encarnações digladiando-se.

O ideal seria que as duas partes tivessem essa abertura, mas, quando apenas um lado melhora, uma pessoa consegue progredir, conquistar uma vida melhor, enquanto a outra continua colocando a violência como lema e continuará sendo justiçada, agora não mais pelo antigo desafeto, mas pela maldade de outros que têm a mesma crença.

Quem agride a natureza, destruindo pessoas, animais, depredando os bens que, por direito natural, pertencem a todos, está agindo contra a vida, sendo maldoso e certamente pagará um preço caro por isso.

Respeitar o bem-estar de todos, não invadindo o espaço dos outros, aceitando as diferenças, participando do progresso coletivo, tornando-se útil e cooperando com o bem, procurando fazer o seu melhor, alimentando os verdadeiros valores espirituais, fará de você um ser que atua a favor da vida e lhe trará, além dos benefícios da inclusão social, a proteção divina e a conquista da paz interior.

É bom entender que a violência não está apenas na agressão física. A maldade pode ser muito cruel e infelicitar não só as pessoas que a praticam e ficam sujeitas a suportar o peso da maldade do mundo, como aquelas que, embora não desejem ser maldosas, dão grande importância à maldade alheia, magoando-se e tornando-se vulneráveis às energias ruins.

É preciso entender que cada um é como é e dá o que tem. Assim, o melhor é ficar no real e não alimentar expectativas muito grandes a respeito do comportamento dos outros, principalmente quando se trata de alguém de quem você gosta. É bom não esquecer que o ser humano, por melhor que seja, tem lados positivos e pontos fracos.

Gostar ou não de uma pessoa tem a ver com a forma como você a olha. É bom não se deixar impressionar pelo que os outros lhe disseram sobre ela. Procure ser imparcial e observar seus sentimentos a respeito do outro.

Dê valor à sua intuição, que sabe sempre o que é melhor. Registre o que sente. Se for um aperto no peito, cuidado. É bom ficar alerta e observar melhor o que se refere a ela. Mas, se experimentar uma sensação gostosa, de prazer, alegria e bem-estar, então saiba que essa pessoa tem mais lados positivos do que ruins. Não há nada mais seguro do que manter a alma livre e Deus no coração.

A maldade não tem lugar dentro de mim. Nada me machuca, não julgo ninguém. Cada um é responsável por si. Eu estou em paz e de bem com a vida.

Você sempre ganha!

12

Dificuldade de perdoar

Quando alguém me magoa, não consigo perdoar. Qual o caminho para superar o rancor?

É você quem "se" magoa com o que as pessoas fazem, fica com raiva e não quer perdoar. Você é uma pessoa vulnerável, que dá muita importância ao que os outros pensam, colocando nas mãos deles o poder de atingi-la.

Por trás dessa atitude está a crença de que você não é boa o suficiente e não valoriza suas qualidades, e, quando alguém tem uma atitude mais firme e expressa ideias contrárias às suas, isso reforça a opinião negativa que você tem de si mesma, o que provoca muita raiva.

Valorizar a opinião dos outros revela insegurança de quem não se apoia e não usa todo o poder que tem para conquistar uma vida plena de realizações e alegrias.

Todos queremos ser aceitos pelos outros. É muito bom quando recebemos carinho, apoio e solidariedade. Mas só conseguiremos tudo isso quando aprendermos a ser verdadeiros, a viver o que somos, e a agir de acordo com o que nossa alma quer.

O autoconhecimento é fundamental para que aprendamos a nos ver com sinceridade, apreciando todas as qualidades que já conquistamos, observando os pontos fracos que ainda mantemos, sem crítica, aceitando que eles são naturais ao ser humano e, com paciência, procurando melhorar.

Cada melhora, por menor que seja, é um passo adiante e traz grande motivação para continuarmos a cuidar do nosso mundo interior.

O autoelogio é visto como pretencioso, mas, quando ele revela qualidades existentes, é o reconhecimento da própria conquista e representa o progresso alcançado.

A consciência dessa verdade nos torna pessoas lúcidas, que sabem exatamente o quanto valem e que não se impressionam com a maldade alheia.

É preciso reconhecer que as pessoas são como são e que cada uma está vivendo seu próprio drama, suas fraquezas e suas vitórias, escolhendo o próprio caminho e colhendo o resultado de suas escolhas, tentando do seu jeito conquistar a felicidade, muitas vezes procurando rumos que não aprovamos.

Se não gostamos dessas pessoas, podemos nos distanciar delas, mas quando se tratam de pessoas de nossa família, ou de alguém que gostamos muito, procuramos não enxergar suas fraquezas e criamos muitas expectativas em relação ao seu desempenho, fazemos tudo para ajudá-las a perceber seus erros e a mudar sua forma de agir.

Essa é uma ilusão que custa muito caro. A pessoa só muda quando quer. Nós não temos o poder de modificá-la. Então, nos magoamos, acabamos por julgá-la ingrata e sofremos.

Cada um dá o que tem. Quando você reconhece essa verdade, entende que sua mágoa não tem razão de ser. Exigir de uma pessoa o que ela não tem para dar é uma ilusão. Foi você quem criou expectativas erradas sobre ela, e a desilusão, nesse caso, é inevitável. Reconhecendo seu engano, você percebe que o erro foi seu e descobre que não tem nada a perdoar. Você se liberta, a raiva desaparece, e você fica bem.

Os sentimentos de mágoa, rancor ou ódio precisam ser trabalhados. Eles provocam doenças graves, além de causarem infelicidade e atormentarem sua vida.

Não dar importância à maldade alheia, olhar as coisas como elas são, não ter a pretensão de mudar os outros, aceitar as diferenças, usar seu poder para equilibrar seu emocional, valorizar-se, buscando o conhecimento e desenvolvendo seus potenciais, farão de você uma pessoa serena, alegre, que viverá melhor e será mais feliz.

E, quando se sentir assim, você descobrirá que as pessoas sentem prazer em estar perto de você, a respeitam e a admiram de verdade. Não é isso o que você quer?

**A mágoa não resolve.
Às vezes, ela é fruto de não
ver as coisas como são.**

Você sempre ganha!

13

O desejo de uma vida melhor

Trabalho há alguns anos em uma loja, mas não me sinto bem no emprego. Tem dias que eu não tenho ânimo nem para levantar da cama e não consigo realizar nenhum dos meus objetivos. Minha parte sentimental também é um desastre. Começa bem, mas termina mal. Eu também brigo muito com meu pai. O que posso fazer para melhorar minha vida?

A causa dos seus problemas está na forma como você se vê e vê a vida. Dá para perceber que sua análise dos fatos está equivocada. Você trabalha por obrigação e não sente prazer no que faz. Ir para o local de trabalho é um peso que carrega nas costas.

Cada pessoa traz dentro de si uma vocação que precisa ser respeitada. Só assim conseguirá obter realização profissional e sentir prazer no trabalho. Seu espírito chora quando você se obriga a fazer algo de que não gosta.

Você vive fora da realidade, quando ignora o imenso potencial que tem e não acredita que merece da vida o melhor. Além disso, vive competindo com seu pai, sem perceber que intimamente é muito parecida com ele. Vocês são espelho um do outro.

A vida os uniu para que percebam os pontos fracos que cultivam e possam melhorar o próprio desempenho. Pode ser que você não concorde comigo, mas não custa examinar a situação, como se você estivesse do lado de fora, observando tudo, para descobrir a verdade.

De qualquer forma, o confronto, além de não resolver, só complica, porque desequilibra seu sistema nervoso e atrai energias negativas que estão contribuindo para sua infelicidade.

Você está focada nos pontos fracos de seu pai, o que a irrita muito, pois isso reflete o que você também é. Experimente sair do julgamento maldoso e observar as qualidades que ele tem. Tudo tem vários lados. Ao escolher o melhor, você modificará completamente a situação.

Ao mudar a forma de ver seu pai, pode ser que ele também mude, mas, caso isso não aconteça, você vai descobrir que ele ainda não está maduro para a mudança. Sabendo que é apenas uma questão de tempo, não leve tão a sério as atitudes dele e aceite-as com indiferença.

O importante é que você mudou para melhor e sua vida também mudará. Sua maior responsabilidade é cuidar de si mesma em primeiro lugar.

Vá para um lugar sossegado, ignore seus pensamentos e sinta o que vai em seu coração. É no sentir que seu espírito se manifesta. Imagine como gostaria que sua vida fosse, em todos os setores. Pense grande, o máximo de tudo, e não tenha medo de sonhar. Acredite que seu espírito é uma manifestação divina, que a luz está dentro de você e que tem o poder de comandar sua vida.

Em sua cabeça vão surgir pensamentos de negação; não lhes dê importância. Eles fazem parte de um condicionamento automatizado de falsas crenças aprendidas, das quais você precisa se livrar. São elas que estão distorcendo a realidade e limitando sua vida. Seja firme nas atitudes positivas, e aos poucos as crenças antigas deixarão de se manifestar.

É hora de tomar consciência de quem você realmente é, do que veio fazer neste mundo e agir em favor do seu progresso. O momento é de reflexão, de esforço, no sentido de perceber e valorizar seu lado melhor.

Seja persistente. Peça a ajuda do seu guia espiritual. E fique atenta, porque ele vai inspirá-la. Seja verdadeira no seu sentir. Que o "não" e o "sim" sejam condicionados ao que você sente. Não faça nada por obrigação. Valorize-se e será valorizada por todos. Se abra pra vida e conquistará a felicidade!

A fonte do saber, essência da vida, está dentro de nós. Deus fala por meio dela e nos faz perceber o que precisamos para suprir nossas necessidades. Valorize a intuição!

Você sempre ganha!

14

Uma nova
chance ao amor

Tive um relacionamento que começou cheio de obstáculos e dificuldades, mas trouxe ao mundo dois filhos. Não estamos mais juntos, porque era impossível reatar a boa convivência, sem que a mágoa estivesse presente. Sinto que ainda nos amamos, mas que o melhor é cada um levar sua vida longe do outro. Já cheguei a me interessar por outra pessoa, porém sinto que não vou amar de novo. O amor pode acontecer mais de uma vez? Sempre amamos a mesma pessoa em nossas diferentes encarnações?

Seu relacionamento começou em uma época em que vocês não tinham maturidade. Os primeiros obstáculos devem ter vindo das duas famílias, que provavelmente desejavam que vocês esperassem mais para se casar. Vocês insistiram e, passados os primeiros arroubos, surgiram as diferenças e as cobranças mútuas. Cada um ao querer impor seu ponto de vista, sem respeitar as diferenças, destruiu a relação. Você já entendeu que é melhor ficarem separados.

A frustração e a desilusão deixam marcas que precisam de um tempo para serem trabalhadas e eliminadas. Você ainda não está preparada para um novo relacionamento. O melhor é voltar-se para si, analisar seus sentimentos sem culpa e ficar do seu lado, conduzindo sua vida de outra forma e buscando novos interesses.

Você deseja amar, ser amada, e está colocando toda a sua felicidade nesse sentido, esquecendo-se de que há outros objetivos valiosos a serem alcançados, que lhe poderão proporcionar tanto ou mais prazer do que um relacionamento afetivo.

Você é um espírito eterno, que tem um projeto divino e está aqui para realizá-lo. Sua felicidade surgirá por meio desse projeto. Tenha paciência para descobrir o caminho.

Você livrou-se de uma relação infeliz e agora está livre para fazer o que quiser. Dá para sentir que a vida lhe deu esse tempo para que pudesse desenvolver suas qualidades, aprender coisas novas e valorizar-se.

Você vai amar muitas vezes e de várias formas. É possível que um relacionamento mal resolvido em outras vidas retorne em uma nova encarnação, a fim de ensinar a ambos o que precisam aprender.

Você conhecerá e amará novas pessoas. Você tem uma imensa capacidade de amar. O amor é o maior prazer do nosso espírito. Dar amor nos é mais prazeroso até do que sermos amados.

Muitos dizem que sofrem por amor, mas estão equivocados. O que causa sofrimento é a maneira como cada um vê seu relacionamento. O emocional desequilibrado deixa as pessoas inseguras e manifesta-se de várias maneiras, por meio de apego, ciúme, falta de confiança em si etc. São os pontos fracos que criam sofrimentos, não o amor.

Para manter uma relação amorosa estável e feliz, é preciso aprender a respeitar as diferenças e controlar o emocional. Todo relacionamento, seja em qual área for, tem um prazo de validade. Um dia vai acabar.

Portanto, é preciso saber usufruir dessa convivência, que se for agradável, nos fará bem e, se for difícil, nos ensinará muitas coisas, o que também será bom. A vida só faz o bem e une as pessoas para que umas aprendam com as outras. Quando não há mais nada para esse fim, ela corta os laços.

Minha querida, você tem muito amor para dar, então viva o presente, fazendo-se feliz a cada dia. Coloque-se em primeiro lugar. Só faça o que gosta. Diga 'não' quando for preciso. Não force situações. Espere a vida lhe mostrar o lado que deve seguir. Ame sua vida, seus filhos e tudo que já tem de bom. Cerque-se de beleza e distribua seu amor nas coisas simples e em tudo que fizer.

Dessa forma, você acenderá a luz do seu espírito, fará seu carisma brilhar e atrairá a pessoa certa, com a qual você tem afinidade e capaz de corresponder ao seu amor como você sonha.

Amor acontece. É espontâneo
e enche nossa vida de alegria,
de razão para viver, de plenitude.
Quando é recíproco, nos conduz
à felicidade. Para merecê-lo,
é preciso correr o risco.

Você sempre ganha!

15

Quando a vida se torna triste e complicada

Por que será que tudo na minha vida é complicado? Meu primeiro marido morreu jovem, o segundo sumiu depois de alguns anos de convivência, perdi um filho de infarto aos 30 anos, o outro filho me trata diferente do que eu gostaria, os netos me tratam muito mal. Ando doente e deprimida. Você teria um conselho para me dar?

Você não contou detalhes de sua vida, mas, pelo tom de sua carta, deduzi que mora com seu filho, e que seus netos a tratam mal.

Você chegou aos 74 anos de idade tendo se dedicado à família e esperava que, depois de tantos anos, eles retribuíssem, tratando-a com respeito e consideração. Isso não aconteceu, e você sente-se injustiçada e ferida em seus sentimentos.

Analisando os desafios que a vida lhe trouxe, dá para perceber que você, como tantas outras mulheres, ao assumir as necessidades dos familiares, esqueceu-se de si mesma. Ao vestir o papel da mãe que tem obrigação de fazer os filhos felizes, você se sacrificou para conseguir isso.

Essa é uma ilusão que custa muito caro, porquanto, por mais que você faça, não tem o poder de mudar a programação que a vida traçou para cada um dos seus filhos.

Entrar no papel de mãe e projetar nos filhos suas ilusões distorce a realidade. Você não sabe como eles são e os vê como gostaria que fossem. Dessa forma, não conseguirá entrar na intimidade de cada um e construir um vínculo verdadeiro de amor e cumplicidade.

Como mãe, o que funciona é não colocar demasiadas expectativas no desempenho dos filhos, deixando a imaginação de lado e tentando descobrir a verdade. É preciso observar as tendências boas ou não de cada um e tentar orientá-los no bem, passando seus valores éticos e espirituais. É só o que pode fazer e é o que a vida espera de você.

Contudo, só consegue atingir esse objetivo quem não abdica da responsabilidade de cuidar primeiro de si, melhorando seus conhecimentos, controlando seus pontos fracos e tornando-se uma pessoa melhor. Para dar, é preciso ter. A conquista do bem-estar interior deve vir em primeiro lugar.

Como você não se deu o devido valor, os outros não a valorizaram. Seu companheiro foi embora depois de anos de convivência, porque se cansou de viver com uma pessoa queixosa, deprimida e triste. O filho e os netos não a respeitam, porque você também não se respeita e só faz o que os outros querem. Você sempre foi passiva, nunca se colocou, mostrando opinião própria, mantendo uma atitude verdadeira e se posicionando diante dos problemas de acordo com seus sentimentos.

Não a estou criticando. Apenas quero que perceba a verdade e mude suas atitudes. Você pode. Tente olhar a vida de forma mais alegre. Comece com as coisas simples e pequenas, cultivando o que gosta, apreciando uma boa música, uma comida gostosa e um livro. Melhore sua aparência e lembre-se dos bons momentos da sua juventude.

Mude suas atitudes. Quando não puder elogiar, fique calada. Nunca mais se lamente, observe as coisas boas e agradeça. Arranje amigas, saia com elas. Há muitas senhoras de sua idade que saem para se divertir, dançar, namorar e fazer tudo a que têm direito.

Você está viva! Aproveite e procure ser feliz. Guarde dos que partiram os momentos bons que viveram juntos e deixe a dor do passado passar. Jogue fora suas mágoas. As pessoas começarão a mudar a maneira de tratá-la, passarão a respeitá-la e sentirão prazer em compartilhar sua companhia.

Estou torcendo para que você reaja, experimente mudar, expressar o que sente e acreditar que, apesar do que passou, ainda pode e merece se fazer feliz. Gostaria que me escrevesse de volta para contar o que conseguiu.

Em vez de tentar mudar as pessoas presentes em seu mundo, trabalhe para mudar seus pensamentos e sentimentos em relação a essas pessoas. Quando fizer isso, ou as pessoas entrarão em sintonia com você, ou sairão de sua vida para procurar um lugar mais adequado para elas. Todos os envolvidos ficarão satisfeitos!

Você sempre ganha!

16

A interferência dos mortos em nossa vida

Meu marido desencarnou há dez anos e nunca mais consegui ter outro relacionamento. Às vezes, acho que meu companheiro continua no nosso meio e, de alguma forma, me impede de ter alguém novamente. Isso é possível?

Antes de pensar nessa possibilidade, é bom analisar outros lados da questão. Claro que um marido ciumento, controlador e apegado pode querer permanecer ao lado da família, depois de desencarnado.

Nos primeiros tempos, ele sente-se inseguro. E se seus entes queridos que ficaram estiverem passando por problemas financeiros ou estiveram inconformados com sua morte, ele terá muita dificuldade de ir embora.

Não sei se esse foi seu caso, mas já faz dez anos que seu marido partiu e, durante esse tempo, ele deve ter tido muitas oportunidades de seguir adiante na nova vida.

Ele pode ter sido orientado por amigos espirituais, ter tido tempo de refletir, de compreender a necessidade de seguir o novo caminho. Pode também ter feito contato com os entes queridos que o antecederam e até ter reencontrado amigos de outras vidas.

O mais provável no momento é que ele esteja cuidando da própria vida no astral, embora continue mantendo no coração os mesmos sentimentos que tinha para com a família.

Eu gostaria que respondesse: como você reagiu a essa perda? Sente falta dele como pessoa ou apenas sente falta de ter alguém com quem dividir sua vida? Está se sentindo infeliz por não ter encontrado outro companheiro ou por não ter mais em quem se apoiar? Está com medo do futuro? Está na hora de procurar entender o que vai em seu coração.

Nunca lhe ocorreu que, se a vida não lhe trouxe um novo amor, é porque no momento você precisa de outras experiências? Talvez, ela queira que você fique consigo mesma para ter a chance de olhar para dentro de si e conhecer--se melhor.

Trocar um relacionamento por outro pode ser o mesmo que trocar de problema. A vida a dois, de qualquer modo, sempre significa dividir seu tempo, assumir responsabilidades e prender-se a outra pessoa. É isso mesmo o que você quer?

Você é daquelas mulheres que têm como único objetivo ter um homem a seu lado? Que, sem um homem, não sabe o que fazer da vida? Nunca teve vontade de ser independente? De buscar conhecimento, realizar coisas que a façam se sentir viva? De descobrir que você tem potenciais e capacidade para cuidar de si mesma, sem ter a necessidade de alguém lhe dizer o quanto é inteligente e capaz?

Quando um relacionamento acaba, você retoma sua liberdade. É dona de si, pode fazer o que quiser. Esse é o momento mágico para entrar em seu mundo íntimo e descobrir o que lhe dá prazer.

É o momento que você tem chance de melhorar seus conhecimentos, estudar, tornar-se uma pessoa bem informada em todos os sentidos e fazer desabrochar talentos que desconhecia. Cultivar novos amigos, trocar experiências agradáveis farão você viver bons momentos. Mais importante do que "ter alguém" é "ser alguém". Ser verdadeira é agir de acordo com seus sentimentos e só fazer o seu melhor. Dessa forma, suas energias vão fluir positivamente e farão brilhar seu carisma.

É claro que amar é bom, trocar carinho faz bem, mas, quando isso não acontece, em vez de se sentir infeliz, é melhor procurar tirar da vida o que ela tem de melhor, cultivando a alegria e o bem-estar.

Você não precisa esperar por um novo amor para ser feliz; você pode encontrar a felicidade desde agora, nas pequenas grandes coisas que a vida pode proporcionar-lhe. O segredo está em saber buscar!

A felicidade é possível a todos desde agora. É preciso banir o medo, ter coragem de olhar dentro de si mesmo e deixar sua alma se expandir. Seu espírito é divino.

Você sempre ganha!

17

Vida profissional estagnada

Apesar de muito esforçado, organizado e inteligente, não consigo pagar minhas contas em dia, tampouco crescer profissionalmente. É possível que exista um bloqueio espiritual nesse setor de minha vida?

Antes de procurar um problema espiritual, é preciso verificar se você não cultiva alguma crença, aprendida na convivência familiar, na escola ou na sociedade, que esteja bloqueando sua prosperidade.

A lei da atração é uma realidade. Você vai atrair tudo aquilo a que der força em pensamento. Se você é uma pessoa que acredita que precisa economizar, porque dinheiro é difícil de ganhar e só vem com muito esforço e trabalho, você atrairá exatamente isso. Se tem medo do futuro, só pensa no que lhe falta e acredita que assim está prevenindo o amanhã, você apenas atrai mais falta. Se pensa pequeno, imaginando o que seria suficiente, você limita seu progresso e atrai cada vez menos.

Há muitas frases limitantes como essas que podem fazer sua vida não deslanchar. Se duvida, por que não experimenta fazer exatamente o contrário?

Imagine que tudo para você é fácil, valorize todas as coisas boas que possui ao fazer projetos para o futuro, pense grande.

Outro ponto importante é confiar na vida. Pense que, quando você estava inconsciente no ventre materno e na primeira infância, ela cuidou de você como faz todas as noites, enquanto você dormia e seu espírito saía do corpo. O ar que você respira, os órgãos do seu corpo que funcionam automaticamente, tudo é controlado pela vida de maneira perfeita. Você só fica mal quando escolhe errado o próprio caminho. Então, confie. Não tema. Para tudo dar certo em sua vida, você só precisa ficar no bem, no positivo, e acreditar que merece o melhor. Se você controla seus pensamentos, esforça-se para ficar no bem, tem bom senso, se coloca em primeiro lugar, mas, ainda assim, não consegue progredir, é porque tem algum lado seu em que você não está fazendo seu melhor.

O progresso não significa apenas ganhar dinheiro, enriquecer, mas fazer bom uso dos bens que possui, utilizando-os para ganhar conhecimento, dividir com os outros o que já aprendeu, e criar oportunidades para que os demais progridam. A vida é uma troca, e é preciso dar para receber, ser para conquistar, participar para usufruir.

Às vezes, é mais fácil culpar a influência dos espíritos para justificar nossos pontos fracos, mas a verdade é que cada um é responsável por tudo que lhe acontece.

Ainda que você esteja sendo perseguido por algum espírito desencarnado perturbador, ele só teve ascendência sobre você, porque suas energias estavam em baixa.

Se você acredita que atraiu um inimigo de vidas passadas — o que pode acontecer, embora seja mais raro — deve procurar ajuda espiritual em um centro espírita, fazer uma consulta e um tratamento. Porém, se você enxergou seus pontos fracos, procure tratamento psicológico ou, se não puder, informe-se e leia livros que melhorem seu mundo interior. Lembre-se: pensamentos negativos aos quais você dá importância atraem coisas ruins. Só o bem atrai o bem.

Se você quer melhorar seu desempenho, controle seus pensamentos, reaja, olhe as coisas boas de sua vida, agradeça e deseje sempre ter o melhor.

Aprenda a valorizar a vida, a ser feliz, a aproveitar o momento presente, para criar situações de alegria e beleza, alimentar a alma e viver melhor.

Você sempre ganha!

18

O poder das afirmações positivas

Tento ser uma pessoa otimista, faço afirmações positivas, mas nada dá certo na minha vida. Por quê?

Cultivar pensamentos positivos atrai energias boas e ajuda-nos a viver melhor. Entretanto, muitos reclamam, dizendo que tentaram, mas não conseguiram obter o que desejavam. Essas pessoas ignoram que, para movimentar as energias e fazer acontecer o que elas desejam, não basta fazer afirmações: elas precisam estar conectadas com seu mundo interior e ligar-se com as leis cósmicas que regem as forças do universo.

Não adianta você criar frases afirmativas e, ao mesmo tempo, continuar infringindo os princípios básicos das leis divinas, conservando mágoas, rancor, desejos de vingança, sendo mesquinho, e negando suas qualidades como espírito eterno, assim como as possibilidades imensas do seu potencial.

Estar conectado com sua alma é sentir o que vai em seu íntimo, é evocar o bom senso que Deus colocou dentro de cada ser; é jogar fora toda a ilusão e ter a ousadia de se ver como é, ou seja, uma pessoa com conquistas e qualidades, mas que está dando importância a coisas que dificultam seu progresso.

Observar seus pontos fracos, sem críticas, e deixar o julgamento de lado, tanto para suas atitudes como para as dos outros, já é um bom começo na conquista do seu poder interior.

É bom lembrar que você foi criado à semelhança de Deus e que seu espírito guarda dentro de si tudo de que precisa para conquistar progresso e bem-estar. Se isso não está acontecendo em sua vida, é bom prestar atenção ao que vai em seu coração e à forma como você lida com os acontecimentos do dia a dia.

Conectar-se com a alma é um encontro consigo mesmo e não tem nada a ver com religião, nem com rituais, mas com os princípios das leis eternas, que funcionam para conduzi-lo à conquista do próprio equilíbrio.

Fazer afirmações positivas funcionam quando você está centrado no seu mundo interior e respeita os princípios das leis espirituais, que só agem quando é para o bem de todos os envolvidos.

Quando você deseja se libertar de uma situação complicada, de um relacionamento difícil, de um problema do qual não vê saída, é preciso entrar no seu mundo íntimo e buscar o caminho da purificação, antes de fazer uma afirmação positiva em favor da melhor solução.

Mesmo que se julgue vítima da maldade alheia ou das circunstâncias, jogue fora o julgamento e entregue a situação nas mãos de Deus. Diga que não deseja mais sentir em seu coração tanta dor, não deseja mais se limitar e que precisa encontrar a paz. Coloque sua vontade nesse pedido e, quando sentir que está mais calma, faça as afirmações positivas visando não apenas ao seu bem, mas também ao bem dos seus desafetos.

Faça isso durante vários dias, até se sentir totalmente em paz. Confie na sabedoria divina e, quando aquela voz sabotadora aparecer trazendo desconfiança, não lhe dê importância e mantenha seu pensamento firme na fé.

Dessa forma, estou certa de que você conseguirá êxito. E, conforme for alcançando seus objetivos, desenvolverá um método próprio de se ligar com seu mundo interior, que é a única forma de torná-la uma pessoa centrada, equilibrada, segura, que sabe como enfrentar todos os desafios que a vida lhe trouxer.

A purificação de suas atitudes lhe trará grandes benefícios e abrirá as portas das bênçãos espirituais que Deus tem para dar a todos os seus filhos, de forma verdadeira, simples, mas eficiente, ensinando-lhe o caminho mais curto para a conquista da felicidade.

A confiança de que você não está só, que há uma força superior que rege seu destino e cuida do seu bem-estar, traz harmonia e paz. Seu trabalho consiste em lutar contra as ilusões do mundo e continuar mantendo essa ilha de paz e de segurança que você conseguiu.

Capriche no que faz, trate-se com carinho, seja positivo. Acredite que merece o melhor. Se quer realizar seus projetos, faça sua parte.

Você sempre ganha!

19

Cartas psicografadas

Estou procurando um centro espírita kardecista para pedir uma mensagem psicografada do meu filho, assassinado aos 25 anos. Então me diga: os vivos conseguem contatar os desencarnados quando bem entendem?

Nós não conseguimos contatar os espíritos quando queremos. Só quando eles querem ou têm condições de se comunicar conosco.

Esse contato acontece de lá para cá. Há os indisciplinados, que se recusam a ir para uma dimensão onde terão que obedecer a regras estabelecidas e permanecem algum tempo na crosta terrestre, mantendo atitudes e sensações que tinham quando estavam aqui, intervindo na vida das pessoas nem sempre de maneira positiva, até que, depois de determinado tempo, abatidos pela desilusão, se rendem e aceitam as condições para serem auxiliados.

Há os que aceitam a proteção dos espíritos iluminados e são levados para colônias astrais, onde, em pouco tempo, reequilibram suas energias e reencontram parentes e amigos até de outras vidas. Nesse nível, nem todos conseguem recordar-se das encarnações anteriores, pois para isso é preciso estar mais lúcido e equilibrado.

A maioria desses espíritos deseja comunicar-se com os que ficaram para contar que continuam vivos. Essa constatação é o que mais os entusiasma, principalmente se não acreditavam nessa possibilidade. Por essa razão, querem mandar mensagens para os familiares, mas, para isso necessitam de permissão.

Para os recém-desencarnados, a energia do mundo ainda representa uma atração muito forte, como o prazer da comida e dos hábitos rotineiros de muitos anos, por exemplo.

A vontade de monitorar os problemas familiares, por exemplo, pode pôr em perigo o equilíbrio espiritual recém-conquistado, fazendo esses espíritos se recusarem a voltar depois de uma visita à família, principalmente se os entes estiverem cheios de problemas, chorando muito a perda, brigando por causa dos bens, ou com ciúme uns dos outros.

Veja como não é fácil para um recém-desencarnado comunicar-se com os que ficaram. Além do mais, se ele tiver sofrido muito antes de ir, passado por uma doença dolorosa por muito tempo, não teria condições físicas de lidar com isso porquanto as impressões dos sofrimentos ficam muito ativas e enfraquecem o corpo astral, que requer, inclusive, uma estadia em um hospital astral para se recuperar.

Quem morreu assassinado geralmente deixa o mundo de maneira violenta e passa por um processo difícil, cujo bom termo vai depender de como ele aceita a nova situação.

Há os que se revoltam, perseguem o assassino, não aceitam ajuda. Mas, para os que se conformam com o fato e aceitam o auxílio, será menos sofrido. E se for um espírito mais lúcido, vai entender que passou por essa experiência para aprender determinada lição e amadurecer. Ele sabe que a vida cuidará para que seu assassino aprenda que a violência só agrava o problema.

É válido você procurar receber uma mensagem do seu filho, mas é preciso ter paciência. Se o resultado demorar ou se você receber uma mensagem, procure identificar seu filho por alguma particularidade que só você conhece, para ter certeza de que foi ele mesmo quem transmitiu aquela mensagem ao médium.

Para finalizar, como estava seu filho nos sonhos que teve com ele? Estava bem, triste, abatido, ou inconformado? Acredito que ele possa estar se dedicando a algum estudo ou trabalho ou esteja fazendo tratamento de recuperação sem permissão para vê-la, por ora.

Saber que seu filho continua vivo e que um dia vocês se verão de novo deve bastar para lhe trazer alegria e paz.

A certeza de que a vida continua após a morte é o melhor remédio para quem perdeu um ente querido.

Você sempre ganha!

20

Sonhos e espiritualidade

Sempre sonho com pessoas de vestes e costumes de épocas diferentes da nossa e com locais que não conheço. Sinto que estou realmente vivendo aquele momento. Quando acordo, lembro-me de tudo, todos os detalhes, rostos, situações, mesmo não conhecendo as pessoas do sonho, mas pouco depois me esqueço de tudo. O que está acontecendo comigo?

Todas as noites, quando dormimos, nosso espírito sai do corpo para refazer suas energias e, durante esse processo, busca fazer o que deseja e não teve como fazer durante o dia.

Freud já dizia que o sonho é a realização de um desejo — o que também acontece — mas não é apenas isso. Fora do corpo, seu espírito pode ficar mais lúcido e desejar outras coisas, tais como rever pessoas, locais, outras dimensões, situações que deixou antes de reencarnar, das quais sente saudade e que podem auxiliá-lo a viver melhor.

No sonho psicológico, problemas emocionais podem fazer seu espírito sair do corpo, mas, em vez de ir em busca de se refazer, ele permanece ligado ao corpo adormecido, remoendo as preocupações, tentando encontrar soluções, o que, além de não resolver nada, ainda faz você acordar no dia seguinte com o corpo cansado, dolorido, deixando-o deprimido.

Você também pode sonhar que conseguiu algo que deseja e sentir satisfação, embora ela se dilua ao acordar. Ainda na área do sonho psicológico, você pode sonhar com situações confusas, truncadas, que lhe mostrem coisas que você teme e não quer ver — um prato cheio para um psicólogo destrinchar para auxiliá-la.

Já a viagem astral, em que o espírito visita amigos, refaz energias, é diferente de todos os outros tipos de sonho. Essa experiência provoca uma sensação muito forte de realidade e, conforme a elevação da dimensão que você visita, provoca uma sensação muito forte de bem-estar, como se houvesse em seu peito uma alegria imensa e inesquecível.

Essa sensação permanece forte, viva, nos dias subsequentes e por muito tempo depois. E, quando você se recorda dessa passagem, volta a sentir o bem-estar.

Acredito que esse seja o seu caso. São sonhos lúcidos, que se passam na hora que esses fatos acontecem. Neles, você sabe quem são as pessoas, conhece os locais, sente-se à vontade. No momento em que acorda, lembra-se de tudo, mas, no dia seguinte, essas lembranças se apagam sob a influência do magnetismo material.

Seria interessante que você deixasse um bloco e uma caneta na mesa de cabeceira e, assim que abrisse os olhos, poderia escrever tudo de que se lembrar, para mais tarde poder analisar melhor esses fatos.

Não adianta querer ir a fundo, porque a vida só revela o que você pode saber. Essa é uma prova de que a vida continua depois da morte. E saber que há amigos em outras dimensões, que se interessam pelo seu progresso e pelo seu bem-estar traz otimismo, ajuda e encorajamento. É uma experiência muito positiva, mas é preciso estudá-la para obter todos os benefícios que ela oferece.

Há livros muito bons sobre projeção astral. Você pode estudar o assunto e, se desejar aprofundar-se, perder os medos, ter mais segurança, aconselho que frequente os cursos experimentais que a auxiliarão a desenvolver esse processo, tornando-a mais consciente e esclarecedora.

Em São Paulo, o professor Wagner Borges, especialista no assunto, ministra há alguns anos cursos e tem um programa na Rádio Mundial [95,7 FM ou pela internet, radiomundial.com.br] sobre o tema.

Quem, durante o sono, sai do corpo consciente, vê seu corpo adormecido na cama, sente-se leve, lúcido, percebe a grandeza do seu espírito e, aconteça o que acontecer, perde o medo da morte, descobre o segredo da vida e abre as portas para a eternidade!

**Os sonhos podem revelar
segredos de nosso mundo interior
ou nos levar ao encontro com
pessoas de outras dimensões.**

Você sempre ganha!

21

Superando a perda de um pai

Faz dois anos que meu pai faleceu. Ele era tudo para mim. Quando eu era pequena e minha mãe falava que meu pai iria embora, eu ficava febril e não dormia. Na primeira semana após sua morte, fiquei com pneumonia e outros problemas. Há duas noites, sonhei que ele me ligava perguntando: "Filha, como você está? Quero vê-la, falar com você, estou morrendo de saudades". Zibia, o que significa esse sonho maravilhoso que tive com ele, já que estamos na semana do dia dos pais?

A morte é apenas uma viagem. O corpo de carne que vestimos ao nascermos neste mundo tem um prazo de validade, que pode ser aumentado ou diminuído, dependendo das atitudes de cada um. Mas permanecemos com o corpo astral [perispírito], que nos possibilita viver em outras dimensões do universo, conforme nosso nível espiritual.

Esses corpos que utilizamos são formados por elementos materiais, criados, organizados e mantidos pela inteligência divina para nos servir. São instrumentos do nosso espírito nos caminhos da evolução. É o espírito quem sente, ama, escolhe e cria o próprio destino.

É muito bom o encontro entre seres que se amam, e as afinidades tornam o relacionamento prazeroso. Quando vence o prazo de alguém e acontece a separação, é o apego que causa sofrimento.

Para quem crê que a vida continua depois da morte — embora a ausência da pessoa querida provoque tristeza e até saudade da presença — há a certeza de que a separação é temporária e que um dia estarão juntos de novo.

Você reconhece que é apegada ao seu pai e que ambos sofreram muito com a separação.

No astral, ele deve ter insistido muito para se comunicar com você, mas só lhe foi permitido que o fizesse à distância. E ele, assim mesmo, falou primeiro com sua irmã, a fim de preparar o primeiro contato.

Ele não obteve permissão para um encontro direto, porque o estado emocional de ambos não estava bom, e um encontro poderia desequilibrá-los ainda mais.

Ainda assim, você sentiu que foi maravilhoso. Você tem possibilidade de obter outros encontros com seu pai, em que poderão se abraçar e trocar ideias. Mas isso só vai acontecer quando ambos aceitarem melhor a verdade e puderem controlar as emoções. No momento, o melhor a fazer é aceitar a separação. É desligar-se dele temporariamente.

É provável que o apego de ambos esteja impedindo que seu pai se afaste das coisas deste mundo, consiga equilibrar-se, aceite o novo caminho e siga adiante. Ele permanece em sofrimento, querendo ficar ao seu lado, o que é impossível.

Por outro lado, essa dependência que você tem de seu pai, deve estar se refletindo em sua vida, impedindo-a de ser mais otimista, de usar o próprio potencial e de construir um futuro melhor.

Seu pai era tudo para você. E isso deve passar pelo excesso de cuidados que ele tinha com você, o que pode ser muito confortável, mas, na verdade, ele estava limitando sua capacidade de decisão e atrapalhando seu desenvolvimento pessoal. A vida os separou para que cada um pudesse reconhecer a própria responsabilidade de cuidar primeiro de si mesmo.

Liberte o espírito de seu pai, deixe-o ir e assuma sua vida com coragem. Cuide de você, coloque-se em primeiro lugar, use o poder do seu espírito para melhorar e conseguir o que merece na vida. Acredite no seu potencial.

A separação é temporária. Faça da alegria a sua força maior. Dessa forma, ele também se sentirá feliz, aceitará a nova vida e aprenderá o que precisa aprender. E, quando terminar seu prazo de validade e você tiver de voltar ao mundo astral, haverá o reencontro em que poderão comemorar suas vitórias.

A morte fecha um ciclo e inicia outro melhor. Aceitar o que não se pode mudar traz calma e renovação.

Você sempre ganha!

22

Quando a
fé desaparece

Trabalhei muitos anos, abri uma oficina de costura com um amigo, mas não deu certo. Tive de recomeçar do zero. Tenho boas possibilidades, porém, não consigo fechar contrato, pois sempre esbarro em problemas. Mesmo com muita luta, não consigo o que quero. Minha filha se separou do marido e agora ela e minha neta precisam vir morar comigo. O que posso fazer para mudar tudo isso?

Por não receber as respostas que esperava, você perdeu a fé e sente-se impotente para enfrentar os desafios que a vida lhe está mandando.

Acreditar que você não está só e que uma força superior a está auxiliando é indispensável para lhe trazer serenidade e contribuir para que as soluções apareçam. Só quem tem essa convicção consegue vencer as dificuldades.

Você tem se equivocado ao procurar encontrar Deus por meio das religiões. As revelações divinas, vindas para este mundo, foram interpretadas por seres humanos e transformadas em religiões, nas quais a verdade aparece pela metade, porque refletem o relativismo do homem.

Você é um espírito eterno, sua essência é divina, Deus está dentro de você. É na intimidade do seu coração que precisa encontrá-Lo e sentir a força que alimenta seu espírito. Essa busca é de sua responsabilidade. Ninguém poderá fazê-la por você.

Talvez seja necessário reavaliar suas crenças, jogar fora as falsas que foram aprendidas, e aceitar apenas as que são verdadeiras. Você terá de aprender a confiar na intuição, porquanto ela está ligada diretamente às forças positivas da vida e sempre expressa a verdade. Fazer essa conexão traz progresso, segurança e realização.

Sempre que não souber o que fazer em uma situação, pare, não faça nada, ligue-se com a essência divina em seu coração e peça para ser conduzida ao seu verdadeiro lugar, dentro do plano divino para sua vida. Depois, preste atenção ao que acontece ao seu redor, porque as respostas começarão a chegar.

A força está em você. Ao nascer aqui, o espírito traz dentro de si tudo de que precisa para progredir e obter sucesso. Aqueles que percebem isso, conseguem obter o que vieram buscar. Todavia, os que não valorizam o próprio potencial e preferem acreditar que os outros podem mais, pagam caro por essa ilusão.

A vida dispõe tudo em favor da evolução do ser, mas exige que ele faça a parte que lhe compete e que está capacitado para fazer. A vida só trabalha por mérito.

Portanto, a desilusão, o desafio mais forte, as dificuldades, são elementos que a vida utiliza a fim de trazer o espírito para sua realidade, mostrar-lhe que não é por ali que deve caminhar. Isso só ocorre quando a pessoa já tem condições de fazer melhor, mas ainda não enxerga isso.

Os recados da vida que você está recebendo estão lhe informando que é hora de mudar e agir conforme o que já aprendeu. Por que, afinal, a vida lhe mandaria tantos desafios? Porque ela sabe que você pode vencê-los.

Faça a si mesmo essa pergunta e se surpreenderá com o volume de respostas que obterá. Anote-as, analise-as. Ao perceber seus pontos fracos, seja generosa, não se culpe por nada, mas firme o propósito de se esforçar para melhorar. Lembre-se de que os erros ensinam mais do que os acertos.

Aceitar suas qualidades, acreditar na própria capacidade, buscar aprender sempre mais lhe trará resultados auspiciosos e lhe dará mais confiança para seguir adiante. Experimente. Não tenha medo. Você pode!

Não perca a fé. Quando a coisa se complicar, e você não souber o que fazer, não faça. Entregue nas mãos de Deus e confie.

Você sempre ganha!

23

Dinheiro apenas não traz felicidade

Tenho dúvidas e gostaria de saber sua opinião: Como lidar com o dinheiro para ter prosperidade? E quanto aos que só pensam em dinheiro e em ganhar mais e mais? O dinheiro traz felicidade, ou isso está apenas na nossa cabeça? Estou pensando muito nesse assunto ultimamente, por conviver com pessoas que só falam em ganhar dinheiro. Agradeço sua compreensão.

O dinheiro representa valor. Ele substituiu o sistema de trocas que existia antigamente, facilita o comércio e disciplina a relação entre os povos.

Quando bem utilizado, cria progresso, dá dignidade, autossuficiência, contribui para a ciência, para as artes e melhora a vida das pessoas. Portanto, o dinheiro é um bem valioso, mas, como todos os valores fundamentais da vida, é neutro e condicionado à maneira que cada um o vê. No entanto, apesar do mau uso que fazem dele, isso não invalida suas qualidades.

O dinheiro não é responsável por isso, nem pela felicidade de ninguém, embora contribua para facilitar a vida. A felicidade é o resultado da sabedoria do espírito que se assumiu, cuida do próprio bem-estar, tem bom senso, sabe controlar emoções, enxerga as coisas como elas são e confia na vida. É uma conquista pessoal que cada um precisa fazer por merecer.

Considerar que ter muito dinheiro pode substituir todas essas qualidades espirituais é uma ilusão, que cedo ou tarde a vida vai destruir. A ambição desmedida, o fato de querer sempre mais dinheiro, deixa clara a visão equivocada que essas pessoas têm, pois estas nunca estão satisfeitas com o que já possuem.

Seduzidas por suas ilusões, não percebem que os bens materiais, o prestígio social, coisas que o dinheiro lhes pode dar, jamais substituirão os valores espirituais que vieram para conquistar. O dinheiro é um valor positivo, programado para ser utilizado em favor do bem de todos. Quando um empresário responsável cria empregos, valoriza o trabalho e cuida do bem-estar dos que estão sob sua responsabilidade, ele está usando seu dinheiro para produzir o bem. Quando os gestores de grandes fortunas destinam recursos para o progresso da ciência, saúde, educação, artes, saber, melhoria do meio ambiente e conhecimento humano, eles estão contribuindo para o progresso, e usando o dinheiro para uma nobre finalidade.

Por haver pessoas ignorantes, que usam meios ilícitos para se locupletar, sem se importarem com o mal que estão fazendo aos outros, muitos acabam considerando o dinheiro um mal, capaz até de prejudicar as pessoas. Outros ainda colocam sob suspeita, sem distinção, todos os que conseguiram enriquecer.

Esse preconceito faz parte da nossa cultura, mas não se justifica. Como eu já havia mencionado, o dinheiro não é bom nem mau. Conforme você o vê e usa, colhe os resultados.

Nosso espírito ama tudo que é bom, belo, prazeroso e agradável. Não é errado querermos todas essas coisas. Contudo, para obtê-las, será preciso fazermos nossa parte, porque elas são condicionadas ao nosso progresso espiritual. Vou passar para vocês algumas leis da prosperidade:

- Acreditar que o dinheiro é um bem;
- Acreditar que você merece ser rico;
- Ficar feliz com o sucesso dos outros;
- Imaginar partículas de ouro no ar à sua volta;
- Dar graças a qualquer valor que receba;
- Mentalizar a fartura em sua vida;
- Não ter vergonha de amar o dinheiro;
- Ser generoso em dar o que puder;
- Valorizar tudo o que já tem;
- Fazer seu melhor sempre.

Se você deseja saber mais, leia o livro *As Leis Dinâmicas da Prosperidade*, de Catherine Ponder, publicado pela editora Novo Século.

Anos atrás, esse livro me ajudou a entender um pouco mais sobre as diferenças sociais, mudou meus conceitos sobre vários assuntos e abriu minha mente para a prosperidade.

**A prosperidade começa,
de fato, quando você começa
a se valorizar!**

Você sempre ganha!

24

Aceitar a morte

Desde que minha mãe faleceu, há cinco anos, meu filho adolescente vive doente. Acaba de sarar de uma doença e começa outra. Por isso, estou exausta e estressada. Ouvi dizer que, quando uma pessoa morre e não aceita a passagem, o espírito fica perto de parentes e pode prejudicá-los. Isto procede? Eu sempre tenho sonhos estranhos com minha mãe. Ofereci várias missas e não sei o que poderia fazer mais para homenageá-la. Pode me orientar?

Apesar de ser fatal, ninguém pensa na morte. Vocês foram colocados diante dessa realidade, que mudou suas vidas e provocou uma sensação de insegurança. Que emoções esse fato despertou em vocês dois?

Além da dor da perda de um ente querido, é preciso prestar atenção em como vocês lidaram com seus sentimentos. Até certo ponto, é natural expressar tristeza, colocar para fora o que se sente. Mas por outro lado, a vida dos que ficaram requer atenção para poder seguir adiante, com coragem e alegria.

Durante anos você se deprimiu, chorou, estressou-se. É hora de dar um basta e colocar sua força para mudar o ambiente espiritual onde vocês vivem.

A tristeza, a insegurança e a falta de confiança na vida criam dentro de casa um campo favorável à proliferação de doenças, provocam desequilíbrios energéticos de irritabilidade e mal-estar. O que acontece em sua casa é reflexo de suas atitudes.

O estado do espírito de sua mãe, no momento, depende de como ela reagiu ao que lhe aconteceu. A vida responde às atitudes de cada um.

152

Quem morre sempre recebe no além a visita de espíritos amigos que o auxiliam a se adaptar. Se ela aceitou e seguiu com eles, deve estar se recuperando e só poderá visitar você e seu filho se tiver permissão. Mas, se ela recusou, pode ter se refugiado em sua casa em busca de ajuda e, se foi para lá, o que encontrou? Um lugar triste, com energias doentias, pessoas chorosas; em vez de melhorar, poderá estar até pior.

O ambiente de sua casa é de sua responsabilidade. Seu filho precisa ficar bem e não pode estar vivendo em meio a energias negativas com as quais não sabe lidar.

Você poderá mandar rezar quantas missas quiser e não vai ajudar. É preciso melhorar o ambiente, dizer 'não' aos pensamentos negativos com toda a força que puder.

Só você pode fazer isso. Eles vão se repetir, porquanto já estão automatizados em sua mente, mas sempre que isso acontecer, não lhes dê importância e os substitua por ideias otimistas, coisas boas que deseja construir em sua vida.

Depois dessa faxina em seu mundo interior, cuide de seu corpo com carinho para que ele se sinta bem. Torne sua casa um lugar bonito, espalhe flores, deixe cada cantinho aconchegante, alegre. A beleza alimenta o espírito.

Principalmente, valorize todas as coisas que a vida lhe deu: um filho para trocar experiências e aprenderem juntos; um lar que você pode transformar em um lugar de reconforto e paz; tempo para viver que poderá aproveitar para desenvolver seus potenciais e enriquecer seu espírito de conhecimento. Valorizando tudo isso, você vai cumprindo, da melhor forma, os compromissos que trouxe ao nascer neste mundo.

Agindo dessa forma também abrirá as portas do progresso, reverterá a situação, conquistará equilíbrio e colocará cada coisa onde deverá estar. Tudo isso está em suas mãos para se realizar. Acredite, não há limites em sua vida!

Em vez de fazer o que os outros dizem, faça só o que você sente que é bom para você. Seu espírito sabe até onde pode ir. Não tema. Faça sempre o seu melhor, confie na vida e siga em frente com determinação e alegria.

Lembre-se, é preciso plantar para colher. Experimente e verá!

A dor da perda não é fácil,
mas precisamos aceitar a morte.
Você precisa deixar a pessoa que
partiu seguir o seu caminho.
A morte é só uma viagem.

Você sempre ganha!

25

Enfrentando uma doença terminal

Uma pessoa que descobre repentinamente estar com câncer terminal, é por ajuste de vidas passadas? É por escolha na hora de reencarnar? Tem como fazer regressão e esta pessoa melhorar a saúde e viver mais alguns anos para aprender mais sobre a vida na Terra e no céu? Meu marido descobriu estar com a doença por todo o corpo, em estado avançado. Tem como ajudá-lo a se curar? Eu, nossa filha, tampouco ele, estamos preparados para algo tão drástico.

O aparecimento de uma doença grave é sempre provocado pela necessidade que a pessoa tem de rever suas atitudes e seu modo de enxergar a vida. Viver essa experiência faz com que as prioridades mudem. Valores que até então eram prioritários, tornam-se secundários, diante da possibilidade da morte.

O espírito é eterno e, ao nascer na Terra, traz uma programação divina, que visa ao seu amadurecimento. Ela foi formulada de acordo com seu desempenho de outras vidas, considerando o livre-arbítrio e as escolhas que ele fez, cujos resultados deverá colher.

A colheita obrigatória desses resultados não significa um castigo pelos enganos cometidos e, sim, uma forma de ensinar que não se deve seguir por esse caminho. Dessa forma, a vida transforma um ato ruim em lição proveitosa.

Ela sabe que no fundo o espírito deseja viver bem, fazer o seu melhor, ser admirado e aceito pelos demais; que suas atitudes e escolhas refletem o nível de conhecimento que possui. Quanto mais ignorante o indivíduo for, mais distorcerá os valores éticos e espirituais, cultivará ilusões que fatalmente o levarão a colher sofrimentos.

Por esse motivo, embora o espírito, ao nascer aqui, traga desafios dolorosos que visam lhe ensinar o que precisa aprender, a nova vida vai lhe dar um tempo onde lhe oferecerá a chance de fazer isso pela inteligência, o que anulará parte ou todo sofrimento já programado.

Seu marido tem, sim, a chance de vencer a doença e viver muitos anos mais. Vai depender da maneira como ele está se posicionando diante do fato.

Tanto ele, como você e sua filha devem se perguntar: O que a vida quer me ensinar com isso? A resposta está dentro de cada um e vai se manifestar. Não pensem, mas sintam como cada um deve fazer a sua parte.

Não é fácil enfrentar essa situação, dominar o medo e confiar na vida, mesmo quando tudo parece ruim, contudo, esse é o caminho da cura.

A fé move montanhas. Procurar ajuda espiritual ajuda sempre. Mas a força que move os fatos e promove a cura é a crença na vida, no futuro, na coragem para vencer os medos, na certeza de que o espírito é eterno e que a vida continua depois da morte.

Essa é uma busca que seu marido pode fazer, estudando a espiritualidade, questionando dúvidas, observando os fatos da vida que comprovam essa realidade.

Por exemplo, há muitas pessoas que venceram o câncer. Não se deixaram abater pelo medo, aceitaram o tratamento médico, enfrentaram a doença com otimismo, acreditaram que estavam sendo curadas e conseguiram.

É hora de vocês mudarem conceitos, se apoiarem mutuamente, esquecer as diferenças e buscarem o aconchego do afeto. É o momento do encontro de almas, do entendimento e do carinho, de estabelecer os laços eternos da amizade.

Desejo que vocês possam vencer todas os desafios do caminho e sejam quais forem os resultados conquistados, estou certa de que depois dessa tempestade, terão mais sabedoria e conquistado uma vida melhor.

Nosso espírito é eterno e continua vivo depois da morte. Nunca é demais repetir. Acredite. Essa é a verdade da vida.

Você sempre ganha!

26

Pesadelos
recorrentes

Faz alguns anos que tenho pesadelos diariamente e agora percebi que estão atrapalhando minha vida. Fui procurar um neurologista pois acordo várias vezes à noite, e, cada vez que durmo tenho outro tipo de pesadelo. O médico me receitou medicação, ficou mais fácil para dormir, contudo, os pesadelos só ficaram mais longos. Gostaria de uma opinião para saber se com consultas a um psicólogo consigo resolver esse problema ou se tem algum método melhor.

O que se passa com você, fez-me lembrar fatos que aconteceram comigo há muitos anos, quando comecei a desenvolver a mediunidade.

Na época, eu tinha 22 anos e dois filhos pequenos — um com 2 anos, outro com 4 meses — e não tinha quem tomasse conta deles para sair com meu marido. Nós gostávamos de dançar, ir ao cinema e, quando tinha alguém para ficar com eles, em vez de estudar e fazer um curso para aprender a lidar com a mediunidade, eu preferia sair para me divertir.

Aceitei a mediunidade com naturalidade, mas não tinha nenhum conhecimento sobre o assunto. De repente, comecei a ter dificuldade para dormir, tinha pesadelos, acordava de madrugada sem ar, ficava gelada, pálida, com manchas roxas pelo corpo.

Meu marido, por outro lado, estudava o assunto e insistia que meu problema era espiritual, mas eu, como sentia dores, mal-estar físico, não acreditava que isso pudesse ser provocado por espíritos doentes.

Muitas vezes, na madrugada, fomos à procura de médicos. Como nunca encontravam doença em meu corpo, diziam que era do sistema nervoso e me receitavam calmantes. Além de não resolver, eu ficava pior e assim foram dois anos de sofrimento.

Só quando aceitei que somos vulneráveis a essas energias negativas, decidi levar a sério meus estudos sobre a vida espiritual e aprendi a resistir a elas, foi que venci o problema.

Não quero dizer que seu caso tenha a mesma origem, mas pelos sintomas há duas hipóteses viáveis para o que está lhe acontecendo. Ele pode ter origem em problemas psicológicos ou espirituais.

O problema psicológico pode resultar de situações mal resolvidas de vidas passadas que você não se lembre agora, como as emoções e as lembranças que ficam arquivadas em seu subconsciente, ou também podem se referir às ocorrências atuais, às quais você não conseguiu aceitar, não quis ver nem enfrentar e aparecem na forma de pesadelos.

Tais situações só serão resolvidas quando você tiver coragem de olhar para elas, analisar todos os seus lados e perceber o que a vida está querendo lhe ensinar com essa experiência. Conhecer detalhes dos seus sonhos poderá lhe mostrar exatamente a verdade que você não quer ver.

A ajuda de um psicólogo poderá ser útil e, melhor ainda, se ele for espiritualista, porque irá mais fundo no seu processo. Contudo, se você estiver sofrendo o assédio de um espírito perturbador, nada disso vai resolver. Por esse motivo, seria útil você procurar ajuda espiritual em um centro espírita, fazer uma consulta para descobrir por que esse espírito o está envolvendo, se deseja dominá-lo para sugar suas energias, usufruir de sensações físicas das quais ele não quer se libertar, ou se age deliberadamente para puni-lo por alguma divergência atual ou do passado.

Não se impressione com as sensações dos sonhos por mais pesadas que sejam. Na verdade, são apenas impressões que você não pode e não deve dar importância para que elas desapareçam. Reze, peça ajuda espiritual. Concentre-se, entre no seu coração e analise todos os detalhes do seu problema.

Seu guia espiritual está do seu lado, mas só poderá agir se você lhe der força. Sozinho, você não tem como resolver todos os seus problemas, mas com Deus, você pode tudo e muito mais. Acredite e liberte-se definitivamente.

A ajuda dos espíritos em nossa vida tem se manifestado de várias formas, mesmo quando não percebemos.

Você sempre ganha!

27

Reencarnação em família

Antes de encarnar, todos nós obrigatoriamente escolhemos nossos pais e irmãos? Pode acontecer de nascermos em uma família com integrantes com os quais nunca convivemos, em vida alguma?

A reencarnação é um processo natural e complexo cujas variáveis decorrem do nível espiritual de cada um, levando em conta as necessidades de aprendizagem, não só do espírito que volta, mas também das pessoas com as quais ele vai conviver nesse período.

Quando o espírito tem mais conhecimento, pode auxiliar a programar sua próxima encarnação, mas sempre com a supervisão dos espíritos superiores.

Algumas vezes, ele pretende desenvolver algum lado que esteja dificultando seu progresso, então lhe é facultado reencarnar no meio de pessoas com as quais nunca tenha se relacionado antes, a fim de trocar conhecimento.

Ao reencarnar, o espírito sabe que vai esquecer o passado e sente-se inseguro. É natural que deseje ter como pais, pessoas amigas de outras vidas nas quais confia. Mas é bom saber que isso só será possível se elas aceitarem a responsabilidade e se essa união favorecer o processo.

Reencarnar com pessoas com as quais o espírito tem afinidade é sempre muito bom, porque permite que juntos eles possam apoiar-se mutuamente e progredir.

Já não há essa possibilidade para o espírito que em outras vidas prejudicou pessoas, criou inimizades. Quando ele é mais atrasado espiritualmente, a reencarnação é compulsória e quase sempre ele terá que conviver na mesma família, exatamente com as pessoas com as quais se desentendeu.

É uma chance que a vida oferece para que ele conheça um pouco melhor seus adversários e modifique sua maneira de se relacionar com eles. Nesse caso, os laços de parentesco podem suavizar o confronto.

Quando, porém, o espírito, apesar de ter feito muitos inimigos no passado, se arrependeu e se sente incomodado pelo remorso ou sente necessidade de reparar seus erros, também lhe é dada a chance de programar a volta junto aos seus inimigos, com o auxílio dos mentores.

Nesse caso, ainda no astral, há um trabalho de aproximação entre eles, feito pelos mentores para que se entendam e concordem em se relacionar novamente na Terra.

Às vezes, leva muito tempo para que todos aceitem e estejam prontos para essa nova encarnação, mas ainda assim, quando tudo está bem entre eles, poderá haver uma dificuldade prática na concretização do projeto.

Em certos casos, a rejeição energética da futura mãe é tão grande que se torna uma gravidez de risco, não chega a bom termo, sendo necessárias várias tentativas. Nesse caso, atua também as energias do espírito reencarnante, que embora deseje se aproximar daquelas pessoas, reage instintivamente ao contato energético que se lhe torna insuportável.

Pode acontecer que as pessoas com as quais o espírito se desentendeu no passado já o perdoaram; elas estão livres, podem seguir adiante sem precisar recebê-lo na família.

Nesse caso, ele pode reencarnar no meio de pessoas que lhe são desconhecidas, mas que precisem de ajuda. Auxiliando-as, ele vai libertar-se do remorso.

Quando o espírito progride, a noção da própria maldade lhe faz muito mal. Só conseguirá seguir adiante quando se livrar dela.

Mas nesse assunto, há ainda muito o que aprender. Contudo, ninguém é vítima. Todos somos responsáveis por nossas escolhas. O respeito às leis cósmicas é fundamental para que nosso espírito prossiga na conquista do bem. Agir com inteligência é evitar o sofrimento.

Não é só o amor que cria laços entre as pessoas. O ódio, a revolta, também unem. É por isso que precisamos trabalhar nossas emoções e compreender que cada pessoa é o que é e só dá o que tem. Geralmente, a revolta e o ódio aparecem quando esperamos das pessoas mais do que podem nos dar.

Você sempre ganha!

28

Ele me abandonou.
E agora?

Tenho um bebê de 3 meses e meu marido me deixou. Disse não me amar mais. Não consigo aceitar o fim do relacionamento. Eu o amo demais, pedi para ele voltar, mas ele não quer. Não me matei por causa do meu filho. Gostaria de esquecer esse amor, resolver minha vida e voltar a ser feliz. Você pode me ajudar?

Você diz que já fez de tudo, rezou, pediu, apelou para macumba, mas nada resolveu. A cada dia fica pior.

Ao ler sua carta senti que você se recusa a deixar o seu sonho de amor. Como muitas mulheres, imaginou como gostaria que fosse seu parceiro, colocou nele qualidades especiais, mas não o enxergou como ele é. Por esse motivo, não houve entre vocês uma ligação de alma, verdadeira, capaz de criar laços e uni-los para sempre.

Ao conhecê-la é possível que ele também tenha esperado encontrar em você a companheira perfeita de seus sonhos. O homem também pode entrar na fantasia e esperar da companheira mais do que ela pode dar.

Quando você pede a ele que volte e ele responde que o relacionamento entre vocês não daria mais certo, demonstra também ter se desiludido. Ao querer ser seu amigo, ampará-la e ao filho, demonstra estar ciente da responsabilidade que assumiu, ser um homem de bem e ter maturidade.

Não vai adiantar insistir em uma ligação que nunca chegou a ser verdadeira.

A desilusão é a visita da verdade. Dói, mas passa. Aceite a separação, não se machuque mais, nem acredite que não seja capaz de encontrar outra pessoa e construir com ela um relacionamento verdadeiro.

Você pode pedir ajuda psicológica ou espiritual em um centro espírita, mas só vai conseguir um bom resultado quando tomar em seu coração a decisão de mudar sua forma de se posicionar diante dessa dura experiência.

Reaja, ajude-se. Vá para o quarto disposta a acabar com a tristeza. Ponha o despertador para tocar depois de meia hora. Sente-se, pense em tudo quanto aconteceu em seu casamento e chore, chore mesmo, indo até o fundo da alma. Quando o relógio despertar, enxugue o rosto e prometa a si mesma nunca mais chorar por esse motivo.

Em seguida, comece a cuidar muito bem de você. Arrume-se com capricho, mude o penteado, melhore a aparência. Enfeite sua casa com flores. Lembre-se dos momentos felizes. Ouça música, cante, dance.

Seu filho tem o direito de viver em um lar onde haja vibrações de alegria. Pense no bem-estar dele.

Com o tempo, você vai perceber que o término desse relacionamento foi a melhor coisa que lhe aconteceu e poderá ser amiga do ex-marido com sinceridade.

Quando chegar a esse ponto, estará pronta para pensar em outro relacionamento. Mas na próxima vez, evite jogar suas expectativas sobre o parceiro.

Seja verdadeira, diga sempre o que sente. Analise as atitudes dele e, ao notar alguma coisa que a desagrade, não tente se enganar pensando que depois do casamento ele vai mudar. Essa ilusão tem custado caro a muitas pessoas. Seja sincera. Proteja seu bem-estar. Se notar que ele tem atitudes que você desaprova, não hesite em acabar com a relação. Para amar, é preciso admirar.

Quem ama deseja o bem do ser amado, respeita sua individualidade, não invade demais nem se deixa invadir. Esse é o segredo de uma união onde a cumplicidade alimenta o espírito, traz paz e alegria.

Se você leitora, está passando por uma situação igual à desta moça, pense bem em tudo que escrevi. Não seja dramática. Não sofra mais do que o necessário.

Mas lembre-se de que o sofrimento está respondendo às suas atitudes. Mude o enfoque para melhor e tudo também mudará.

Acredite que você merece o melhor e ilumine com amor tudo à sua volta, para que as coisas se transformem e possa ter mais alegria e paz.

Você sempre ganha!

29

O medo
de ficar só

Passei dos 30 anos de idade, nunca alimentei desejo de me casar porque vejo muitos casamentos fracassarem. Sou muito cobrada por isso pela família e pela sociedade. Minha vida sentimental nunca andou bem. Sou tímida. Isso prejudica minha vida sentimental? Sempre que me relaciono com alguém, aparece outra pessoa que "rouba minha história". É como se esse fosse meu destino. Tenho medo de ficar sem ninguém. Me sinto muito mal quando um relacionamento não dá certo. Quero ser normal e não tratada como diferente. Será que tem alguma influência espiritual na minha vida?

Você não deseja se casar, mas sente-se desvalorizada por não conseguir manter um relacionamento duradouro. Já procurou sentir se é isso mesmo o que quer?

O que a está incomodando é a opinião dos outros sobre sua vida afetiva. Você acredita que para integrar-se à sociedade e ser aceita, precisará tornar-se uma pessoa "normal", comportando-se como a maioria.

Isso não é verdade. Você é só você. Seu jeito, seu temperamento, suas necessidades, são diferentes dos demais. No mundo não existem duas pessoas iguais. É essa diversidade da natureza que mantém o equilíbrio.

Não tente entrar no contexto da maioria. Você tem uma trajetória de progresso programada pela vida e precisa encontrar o seu próprio caminho para as coisas darem certo.

Em vez de se preocupar com a maneira como os outros a veem, volte o olhar para dentro de você e comece a descobrir as riquezas do seu espírito, seus sonhos de felicidade e suas aspirações de sucesso. Jogue fora a timidez e pense alto.

Não dê ouvidos se nessa hora surgirem pensamentos de dúvida. Eles são frutos das falsas crenças aprendidas que vêm infelicitando você, impedindo-a de progredir.

Faça uma lista das frases depreciativas e limitantes que costuma repetir no dia a dia. Analise-as. São reveladoras e a farão perceber como está dando força a atitudes negativas. A timidez demonstra que você se vê como uma pessoa incapaz. Acreditando que não é boa o suficiente, como quer que as pessoas se sintam bem ao seu lado?

Um encontro de pessoas é uma troca de energias. A forma como você se vê, cria um padrão de energias específico que vai influenciar na reação que elas terão ao aproximar-se.

Se não consegue manter nenhum homem ao seu lado é porque eles sentem-se mal com as energias que você emana, e vão embora sempre que conhecem alguém com uma energia mais agradável. Você nunca sentiu isso ao aproximar-se de alguém? É um fato comum.

O lado bom é que, se você valorizar suas qualidades, acreditar no seu potencial, dar força ao que você quer, colocar-se em primeiro lugar em sua vida, jogar fora o negativismo, reverterá as situações que a incomodam.

Para reprogramar seu subconsciente e livrar-se do automatismo das falsas crenças, às quais deu crédito durante tantos anos, terá de ser persistente. Você precisa ficar atenta aos pensamentos negativos que reaparecem em sua mente, reagir, não lhes dar importância, substituindo-os por outros mais otimistas. É um esforço que só você poderá fazer e, quanto antes começar, melhor. À medida que as mudanças boas começarem a ocorrer, você irá se sentir mais forte para continuar.

Não há interferência de espíritos perturbados em sua vida. Mas você pode pedir aos espíritos de luz uma inspiração boa. Obedeça seus sentimentos, seja verdadeira em suas escolhas, olhe sempre o lado melhor, confie na vida.

O importante é ser feliz, sozinha ou com alguém. É dessa forma que abrirá espaço para o companheiro ideal aparecer.

Você sente solidão porque se abandonou. Fique atenta às prioridades do seu espírito e trabalhe a favor delas.

Você sempre ganha!

30

Sem saber qual rumo seguir na vida

Fui feito no candomblé no orixá Oxum, dizem que é o orixá do dinheiro, mas vivo perturbado com minha situação financeira e com minha vida amorosa. Sou gerente de uma ótima empresa, ganho bem. Porém, estou sempre em encrencas financeiras por ajudar pessoas e não receber o dinheiro de volta. Não gasto em besteiras, mas não consigo me controlar. Minha mãe é testemunha de Jeová e diz que é errado eu seguir minha religião. Quando ela adoeceu, deixei o candomblé. Ela foi curada, entretanto, em meu coração pulsa o orixá. Um detalhe: sou homossexual. Estou perdido.

A fé na fonte superior da vida é que fortalece e ajuda a enfrentar os desafios do dia a dia, não importa a religião que você tenha. Não canso de repetir, são suas escolhas que determinam os resultados em sua vida.

A causa dos seus problemas está nas atitudes que toma. Você reconhece isso. Noto que você está sempre do lado dos outros e muito distante de si mesmo. Por que não fica do seu lado? Você não resiste a um pedido de ajuda mesmo que se prejudique. Ajudar os outros tornou-se um vício do qual não consegue sair. Você acredita que sendo "bonzinho" com os outros será benquisto e aceito. Isso é uma ilusão. As pessoas vão usá-lo, como estão fazendo, sem pudor, porque você deixa. É o que está acontecendo.

Você pensou que estava ajudando as pessoas e foi lesado. Na verdade, estava apenas servindo à sua vaidade, tentando encobrir a visão ruim que tem de si mesmo para se sentir um pouco melhor. Não poderia dar em outro resultado. O verdadeiro bem é que dá um bom resultado.

Em vez de ficar do seu lado, cuidando dos seus interesses e do seu bem-estar, você está se iludindo, querendo parecer o que não é. Não vê o quanto está se prejudicando?

Em vez de cuidar de si, fazer uso das qualidades que já tem e se esforçar para melhorar seus pontos fracos, você prefere acreditar que não é bom o suficiente. Por ser diferente, você julga-se menos.

Sua mãe é preconceituosa por você ser homossexual e praticar uma religião que ela não aceita. A vida não o colocou ao lado dela para sugestioná-lo com os preconceitos que ela tem, mas como um espelho, para que você se veja e perceba o quanto se anula por não se aceitar como é.

Ser homossexual não é defeito, é apenas uma preferência afetiva, que não o impede de ser uma pessoa de bem e de sucesso. Assuma sua verdade sem medo. Orgulhe-se de ser quem é. Não se impressione com os condicionamentos impostos por alguns que desconhecem as verdades da vida.

Olhe em volta e perceba quantos com essa característica progrediram, tiveram sucesso, são respeitados. Não se esconda atrás dessa circunstância para se colocar na condição de vítima, o que certamente você não é.

Reaja. Convença-se de que é capaz, fique do seu lado, valorize seus sentimentos. Faça só o que tem vontade, não faça nada por obrigação. Respeite seus sentimentos.

Digo-lhe tudo isso porque estou do seu lado e torcendo para que enxergue o imenso tesouro que está dentro de você, esperando que o encontre e enriqueça sua vida desfrutando das suas descobertas.

Isso tudo só acontecerá se você quiser. Nem eu, nem ninguém poderá fazê-lo em seu lugar. A escolha é sua. Mas a vida dá um prazo para você decidir. A evolução é obrigatória. Quando terminar esse tempo, a vida vai apertar o cerco e empurrá-lo para frente, quase sempre pela dor.

Reaja. Olhe o melhor de tudo, cultive o otimismo e começará a atrair coisas boas para sua vida.

Você só vai ser valorizado quando aceitar quem você é!

Você sempre ganha!

31

Todo mundo tem qualidades e defeitos

Meu filho teve um pai presente de corpo e ausente de alma, por isso não consegue se encontrar. Não é organizado, tudo lhe é difícil, tem dificuldade de se relacionar e nada parece dar certo. É casado pela segunda vez e tem um filho recém-nascido. Não leva o trabalho muito a sério e faz tudo o que a mulher, que o trata muito mal, quer. Fico como escudo entre ele e o pai, não sei mais o que fazer. Para complicar minha situação, minha mãe mora comigo e é uma pessoa muito difícil. Ela gostaria de morar com meu irmão, mais isso é impossível. Estou me esgotando mental e fisicamente.

A forma como você está interpretando a situação é que a está esgotando e, se continuar assim, poderá ficar pior e acabar doente. Culpar seu marido pelos desacertos de seu filho é injusto e impede que você enxergue as coisas como elas são.

Ao tornar-se um escudo entre seu marido e o filho está dificultando que os dois se entendam. Você está indo contra a vida, que os uniu, exatamente para aproximá-los. Não tenha medo da verdade, ela sempre favorece.

Cada um é responsável por suas atitudes e seu filho está colhendo os resultados das próprias escolhas. Perceba: seu filho não é do jeito que você queria que ele fosse! Não querer ver os pontos fracos que ele tem, imaginar qualidades que gostaria que ele tivesse é viver na ilusão. Só a visão real de uma situação é que dá condições de auxiliar de verdade as pessoas que você ama.

Confie na sabedoria da vida, que tem meios de ensinar a cada um o que precisa aprender. Assuma a sua maior responsabilidade que é cuidar do seu próprio bem-estar.

Você não tem o poder de mudar os outros, mas pode olhar os vários lados da situação, questionar os fatos, ir mais fundo, ficar atenta aos detalhes. Seja otimista. O otimismo ajuda a olhar as pessoas pelo lado melhor, estimulando-as para que o melhor lado delas se manifeste. Essa atitude favorece também a inspiração espiritual, porquanto a vida trabalha sempre a favor do progresso de cada um.

Algumas variáveis podem estar interferindo no comportamento de seu filho. Será que ele se julga errado, não gosta de olhar para dentro de si, ver seus verdadeiros sentimentos e por esse motivo, não consegue se encontrar? Prefere fazer o que os outros querem porque não confia na própria capacidade? Não descobriu a própria vocação e não leva o trabalho muito a sério porque não gosta do que faz? Se culpa porque se sente fracassado e permite que a mulher o trate mal para se castigar? Se ficar atenta, você poderá descobrir o que está por trás dessas atitudes dele.

Pense que cada pessoa tem qualidades e defeitos. Por mais que você não deseje, seu filho vai ser desafiado pela vida a tornar-se mais responsável, a cuidar melhor de si, a valorizar as oportunidades de progresso que a vida lhe oferece.

O mesmo acontece com sua mãe. No caso dela, seu otimismo é fundamental. Não leve a sério as queixas dela. É difícil para alguém que já foi dona de sua vida, ter de morar de favor na casa de uma filha. Sempre que ela estiver triste, revoltada ou deprimida, não ligue e recorde um acontecimento bom, mencione algo alegre para puxar o melhor lado dela.

Se quer reverter a situação, você precisa conhecer seu mundo interior, valorizar seus sentimentos sendo verdadeira em suas atitudes, pedir inspiração divina para fazer o seu melhor, aceitar o que não pode mudar e confiar na vida.

Sendo uma pessoa centrada no otimismo, abrirá as portas para que a espiritualidade desabroche sua intuição e não lhe será difícil encontrar o caminho do equilíbrio e do bom senso com o qual poderá não só melhorar sua vida, bem como transformar a todos os que ama.

Sempre que você muda as atitudes em seu interior, mudará todas as coisas de fora. Expresse a luz do seu espírito e seja feliz! Experimente!

Na conquista da alegria, comece a valorizar as pequenas coisas boas do dia a dia.

Você sempre ganha!

32

Libertando-se do passado

Aos 15 anos namorei um rapaz durante um ano. Acabou. Foi um namoro ingênuo, eu era muito criança. Tempos atrás soube que ele faleceu de infarto. Depois disso comecei a sonhar com ele. Os sonhos são muito reais, a gente se abraça, conversa, eu digo que tenho muita saudade dele, pergunto porque ele se foi tão rápido. É como se ele estivesse sempre presente ao meu lado. Na semana em que me casei, tive o sonho mais real com ele, triste, me perguntando porque eu tinha casado.

Vários dias fiquei pensando nisso. Tenho impressão de que ele me espera do outro lado da vida. Isso é bom ou ruim?

Se você for uma pessoa impressionável, se sentiu chocada pela morte inesperada do seu ex--namorado, pode ter tido vontade de vê-lo, saber como ele se sente por ter partido tão jovem e o atraído para perto de você. Mas esses sonhos são confusos, truncados, podem ser apenas manifestações de desejos inconfessados.

Já os sonhos com pessoas que estão do outro lado da vida, que deixam impressões fortes, permanecem na lembrança durante alguns dias, costumam ser encontros reais de espíritos entre as duas dimensões.

Nos seus sonhos, pela clareza e coerência da conversa e a forte sensação de presença, o mais provável é que vocês tenham mesmo se encontrado durante o sono.

Você sente que está se encontrando com o espírito dele e esse fato a está intrigando, uma vez que o relacionamento entre vocês foi passageiro, sequer marcou de maneira expressiva a sua vida.

O que pode ter provocado essa situação depois que ele foi para o mundo espiritual? Por que vocês demonstram um amor que antes não pareciam sentir?

Os fatos parecem indicar que vocês devem ter vivido uma experiência anterior em outras vidas, onde tiveram um relacionamento afetivo maior. Tanto que nesta vida agora, ao se reencontrarem, ainda muito jovens, sentiram-se atraídos um pelo outro. Tanto que, quando seus espíritos se reencontram nos sonhos, você sente saudade, lamenta que ele tenha ido embora; ele, por sua vez, chega a entristecer-se de vê-la casada com outro.

Acontece que a vida tinha outros planos para os dois. A inteligência divina programa a encarnação na Terra visando ao progresso de cada espírito. Nesta encarnação, vocês precisavam seguir caminhos diferentes, conforme a necessidade de cada um.

O estágio dele aqui, por motivo que ignoramos, foi programado para ser mais curto. Ao ter de deixar a Terra em plena juventude, que lições a vida quis que ele aprendesse?

Já você, ao contrário, casou-se, formou um lar e, se ainda não tem, terá filhos com os quais aprenderá a sublime lição da maternidade. Na convivência com o marido, escolherá prioridades, ganhará preciosa experiência, amadurecerá. Todos estarão ganhando. Você teve a prova de que os laços de amor permanecem eternamente. Mas no momento, você precisa deixar o passado passar e viver no presente.

Vá para um local sossegado, imagine que o espírito dele está na sua frente e despeça-se dele. Peça-lhe que aceite a separação e siga e adiante. Explique para ele que ambos precisam se esforçar para melhorar o nível espiritual e fazer a parte que lhes cabe em busca do equilíbrio e da felicidade.

Se um dia a vida os unir, estreitarão seus laços, mas se isso não acontecer, a amizade que os une continuará existindo pela eternidade. Contudo, agora, é hora do adeus!

Depois, dedique-se com alegria às suas atividades do dia a dia, cuide com amor, primeiro de você, depois de seus familiares e de tudo que a cerca. Faça tudo com capricho, amor e boa vontade. Coloque beleza onde puder, enriqueça seu espírito, aumente seu conhecimento. Seja feliz!

Esquecer o passado não significa se esquecer das pessoas que amamos. Mas esquecer coisas desagradáveis, enganos, situações que já não podemos modificar, é necessário.

Você sempre ganha!

33

Como se ligar no bem faz bem!

Eu me considero uma boa pessoa. Tento fixar os bons pensamentos na cabeça, mas eles não permanecem comigo por muito tempo, logo os negativos a invadem e ganham força. Fico desanimado para lutar contra essa força poderosa tão ruim. Se eu fosse como você, especial, talvez pudesse ter condições de vencer o mal dentro de mim. Como uma pessoa sem dons especiais, comum, pode tentar fazer para se ligar aos espíritos de luz?

Eu sou uma pessoa comum, igual a você, me esforçando para aprender a viver melhor e ser feliz. Se eu consegui ligar-me aos espíritos de luz que estão à nossa volta, obter inspirações e conselhos, você também pode.

As pessoas pensam que para isso é preciso ter alguma coisa especial, o que não é verdade. Essa história de "missão" é uma ilusão perigosa, inspirada pelo ego e faz com que a pessoa perca o senso da realidade e se julgue maior do que é. Acreditar nisso sempre acaba na infelicidade.

O planeta Terra tem uma faixa de progresso espiritual determinada [o mínimo e o máximo] e os espíritos que nascem aqui estão dentro dela.

Aqui há os que têm o mínimo de conhecimento e estão iniciando sua trajetória, e os que vieram há mais tempo ou possuem um temperamento menos resistente e aprenderam mais rápido, com menos dor. Aí entra a escolha de cada um.

Isso significa que, apesar das diferenças, todos estamos na mesma faixa de evolução. Nossa estadia aqui é temporária, mas nosso espírito é eterno. Depois da morte do corpo, voltaremos à dimensão astral de onde viemos, levando as experiências que tivemos aqui. Essa é a verdade.

Não querer enxergar, resistir aos chamamentos que a vida faz na tentativa de evidenciar aquilo que é, é tapar o sol com a peneira e alongar o processo de aprendizagem, fazendo com que a vida aperte o cerco, trazendo desafios cada vez mais fortes para quebrar essa resistência. Ninguém consegue impedir a evolução.

Ao nascer na Terra sem lembrar do passado, recebemos uma página em branco para registrar nossas novas experiências. Trazemos muitas probabilidades e o poder de escolher quais iremos priorizar.

Claro que nossas escolhas vão refletir as experiências arquivadas em nosso inconsciente, onde estão guardadas o que vivemos em outras vidas.

São elas que atraem para nosso caminho pessoas com as quais temos assuntos mal resolvidos do passado, contudo, isso só vai acontecer se a vida entender que já temos como resolvê-los. Caso contrário, esses assuntos ficarão para mais tarde.

Uma estadia na Terra sempre acrescenta algo ao nosso amadurecimento. Pense nisso e não espere ser empurrado para começar a conhecer a vida espiritual. Na Terra tudo passa, mas o espírito permanece para sempre. Não se omita.

Não ande mais pela vida como um sonâmbulo. É hora de acordar. De agir em seu favor. Não acredite somente no que estou afirmando. Vá à luta. Conteste, analise. Há muitos livros de pesquisa séria que comprovam a continuidade da vida após a morte.

O doutor Sérgio Felipe de Oliveira, formado pela USP, dirige o Pineal Mind Instituto de Saúde e coordena cursos de medicina e espiritualidade na UNIESPÍRITO – Universidade Internacional de Ciências do Espírito, em São Paulo [uniespirito.com.br]. Não fique para trás, atualize-se.

Espiritualidade é natural, segue independente da religião. Não tenha medo, nem se deixe envolver pelo preconceito. Assuma sua ligação com o espiritual. Use seu sexto sentido para contatar espíritos de luz.

Para isso, recolha-se a um lugar sossegado, relaxe, eleve seu pensamento, mentalize luz. Deixe ao lado papel e caneta para anotar as ideias que vierem. Você vai se surpreender.

No início, você pode ter alguma dificuldade em se concentrar. Pensamentos intrusos podem aparecer. Mande-os embora e insista.

Com o tempo, sua concentração ficará rápida e fácil, e as respostas surgirão mais claras.

Você estará renovando energias, limpando seu mental, iluminando sua vida. Se sentirá mais forte para enfrentar os desafios, jogará fora o julgamento, entenderá os problemas humanos. Aproveitará muito a encarnação e deixará a Terra como um vencedor.

Em vez da tristeza, cultive a alegria; da culpa, exercite a boa vontade; do desespero, alimente a confiança na vida; do desânimo, acredite no propósito do poder; do abandono, apoie-se; do medo, observe a perfeição da vida, que nunca erra.

Você sempre ganha!

34

Problemas entre pais e filhos

Tenho uma filha de 9 anos. Ela é meiga, linda, educada, mas às vezes ela tem surtos de agressividade e manias fora do normal. Vive tendo pesadelos com ladrões, acorda gritando no meio da noite, faz tudo que eu ensino para não fazer, tem crises de choro sem nenhum motivo. É estudiosa, tira boas notas, mas odeia a escola. Briga com a irmã que é muito paciente com ela. Não sei lidar com essa filha. Dou um castigo mais severo? O que faço?

Quando não souber o que fazer, não tome nenhuma decisão. Tente analisar os fatos e descobrir o que está acontecendo com sua filha. Por que uma menina inteligente, meiga, educada, odeia a escola? Já procurou saber como é o relacionamento dela com os colegas? Verificou se o método que os professores usam são antiquados?

Sua filha está por perto quando passam os noticiários na televisão? Mesmo parecendo não prestar atenção neles diretamente, ela pode estar ouvindo e se impressionando com o excesso de violência, que de forma repetitiva, eles relatam minuciosamente e, por conta disso, ter pesadelos.

Com relação à irmã, preste atenção, ela é muito apegada? O excesso de cuidados, a insistência em ficar em volta pode provocar irritação em alguém que tem um temperamento mais independente.

Você disse que é espírita. Mas antes de pensar em uma interferência espiritual, é bom você analisar todas as causas naturais que podem estar influenciando essas reações da menina.

No relacionamento familiar, as diferenças de temperamento, as cobranças, os papéis que cada um assume dentro de casa, criam o ambiente energético. Ele atua, provocando reações emocionais em quem vive na casa. Todos esses fatores representam desafios que a vida traz com a finalidade de ajudar o amadurecimento do espírito.

Pense em tudo isso e procure conhecer melhor cada membro de sua família. Evite críticas e cobranças. Aprenda a se colocar sempre que não gostar de alguma coisa e também, elogie quando eles tiverem uma atitude adequada. Seja sincera. Diga o que sente, de maneira franca e simples, sem julgamentos.

Caso você já tenha essa visão e os membros de sua família já mantenham um bom relacionamento, a causa do problema pode estar em fatos mal resolvidos de vidas passadas.

Embora o espírito ao reencarnar se esqueça de tudo, os fatos passados permanecem no inconsciente e refletem no emocional, provocando reações inexplicáveis na vida atual.

Outra hipótese a investigar: as crises de sua filha podem ter como causa apenas a abertura da mediunidade. Elas podem ser apenas uma intervenção de espíritos. Se esse for o caso, mais adiante ela vai precisar estudar o assunto. Como é ainda muito jovem, deverá frequentar um centro espírita para acalmar as crises e esperar o momento certo.

Sugeri as causas possíveis, para que você tenha uma visão mais clara, mas a escolha é sua. Preste atenção em todos os detalhes, e só tome uma decisão quando tiver certeza.

Se descobrir que não interpretou bem alguma coisa, não desanime. Peça inspiração aos seus guias espirituais, porque eles sempre respondem. Fique atenta aos pensamentos que aparecem depois.

Não tenha pressa. Nós estamos encarnados na Terra para aprender a lidar com todas essas coisas. Elas fazem parte do nosso progresso. Abra o seu espírito para o conhecimento, ouça o seu coração, estude a vida, pois ela tem todas as respostas. Você vai crescer e vencer todos os problemas. Está em suas mãos, você pode tudo!

A compreensão, o entendimento,
o amor é que fazem a união
entre pais e filhos.

Você sempre ganha!

35

Um peso para arrancar da consciência

Trabalhei sete anos em uma empresa de que gostava muito, mas comecei a "pegar" dinheiro do caixa, uma atitude que não é da minha criação pois tenho uma ótima base religiosa. Sentindo muita vergonha, saí da empresa para me afastar desse mal que, era muito mais forte do que eu. Pedia a Deus o dia todo para me afastar dessa tentação. No meu novo trabalho, estou fazendo a mesma coisa. Não pego nada dos colegas, mas o meu mal está no trabalho. Por favor me ajude a voltar a

ser como eu era pois estou adoecendo com tudo isso.

Você está sob a ação magnética de um espírito perverso que a domina, obrigando-a, mesmo contra sua vontade a fazer o que ele quer. Há o caso de espíritos perturbadores, revoltados, que se recusam a obedecer seus superiores, permanecem perambulando na crosta terrestre, muito ligados à vida física, sentem falta de comida, sede e dos vícios a que se habituaram. Procuram saciá-los através das energias de pessoas encarnadas que gostam das mesmas coisas que eles. Aproximam-se de uma pessoa, fazem uma sugestão e, se ela gostar e obedecer, colam-se nela, que sentirá dobrar a vontade do que foi estimulado. Se o envolvido, ao avaliar se deve ou não ceder e resolver resistir, o espírito irá embora à procura de alguém que o aceite.

Há casos em que a pessoa cedeu algumas vezes à influência do espírito, mas percebeu que estava sendo invadida pela energia de um espírito desencarnado, foi a um centro espírita fazer um tratamento e tudo passou.

A interferência ocorre por afinidade. Pode ser alimentar, vícios etc.; seja qual for a afinidade, abrirá as portas às influências de espíritos perturbados.

Nenhum desses casos tem a ver com você. É claro que está dominada pela influência de um espírito, que premeditou atingi-la deliberadamente! Essa atitude faz crer que ele seja um antigo conhecido seu de outras vidas, com o qual você esteve envolvida, manteve um desentendimento, que até hoje não foi resolvido. Você, ao reencarnar, esqueceu temporariamente o passado, mas ele conserva a raiva e quer atormentá-la, impedi--la de trabalhar e progredir financeiramente.

A energia dele tem uma forte ascendência sobre você porque mesmo querendo obrigá-la a fazer coisas com as quais você não concorda, tem conseguido dominá-la.

Para libertar-se, terá de procurar ajuda espiritual em um centro onde tenha sessões de desobsessão. Seja persistente porque o espírito que a está subjugando vai tentar de várias formas impedi-la de ir ao centro. Essa ajuda é indispensável nos primeiros tempos. Colabore com o tratamento, faça a sua parte no processo.

De que forma? Vou ensiná-la.

Vá para um lugar reservado, feche os olhos e imagine que dentro do seu peito se acende uma luz amarelo-claro, sinta-se ligada a essa luz e diga em voz alta, com convicção: "Quero tomar posse do meu poder. Quero me libertar dessa tentação".

Repita até sentir uma energia forte no corpo. Pense que já se libertou dessa influência e mentalize todas as coisas boas que deseja da vida. Acredite que você merece progredir, trabalhar em paz e prosperar.

Se aparecer uma energia de desconfiança, não dê importância e repita o exercício. Insista em manter acesa sua luz interior. Com os bons resultados, você ficará mais confiante. É o seu espírito que tem o poder para dirigir sua vida. Ele é a manifestação da inteligência divina e está em suas mãos permitir que ele faça o que pode fazer.

A inteligência divina respeita o arbítrio de cada um, portanto, seu espírito só fará o que você permitir.

Errar é um golpe duro em nossa vaidade e abre a consciência para os fatos reais, mas amadurece o nosso espírito.

Você sempre ganha!

36

Colocar-se em último lugar não ajuda em nada

Há três anos, meu pai morreu, tinha 60 anos. Ele passou meses internado e eu fiquei do lado dele até o final. Ele dizia que depois que ele morresse, eu e ele saberíamos porque estávamos passando por tudo isso. Eu deixei minha vida de lado, mas agora sonho com ele me pedindo para eu relatar tudo que passamos juntos. Escuto alguém falar: pega um lápis e escreva... sou cabeleireira, não sou formada. Escrever um livro? Eu não seria privilegiada para tamanha espiritualidade. Não sou merecedora

para receber mensagens. Como você pode me orientar?

Se eu pensasse como você, nunca teria escrito nem um livro. Eu também não tenho formação acadêmica, mas quando um espírito me pediu que escrevesse, aceitei. Meu marido colocou lápis e papéis na minha frente, e logo o Lucius começou a ditar e eu a escrever, sentindo uma sensação imensa de prazer. Ele não disse o que pretendia, nem o que eu deveria fazer. Conforme ele falava, eu sentia as emoções de alguns personagens, via as cenas, enquanto ele continuava trabalhando. Quando ele parava, eu não tinha como continuar. Cinco anos depois, terminamos o livro.

Eu fazia um curso sobre mediunidade e pedi a opinião do professor sobre o livro, sem saber que ele trabalhava para a Editora Lake e era o responsável por escolher os livros a serem publicados. Duas semanas depois, o original já estava na editora para a primeira edição.

Você está sendo chamada para esse trabalho e, se não estivesse preparada para realizá-lo, os espíritos não o fariam. Seria bom estudar os fenômenos da mediunidade e saber como ocorre o processo.

Na verdade, quando a sensibilidade aflora é porque a pessoa está na hora de conhecer essa realidade e, se o fizer de maneira adequada, terá dado um passo à frente. Aprenderá como a vida funciona, conhecerá a ética da espiritualidade e seus benefícios, ampliará sua visão do mundo, terá a certeza de que seu espírito é eterno e continuará vivo depois da morte.

É uma ilusão acreditar que os médiuns sejam pessoas iluminadas, evoluídas. A abertura da sensibilidade é o momento em que lhe está sendo oferecida a chance de evoluir com mais rapidez e com menos sofrimento.

É um longo caminho que se abre à sua frente, onde terá que sair das ilusões, das falsas crenças aprendidas que estão automatizadas em seu inconsciente, porquanto algumas são ainda reflexos de suas vidas passadas.

O espírito é poderoso. Você precisa dar valor ao seu poder e querer o melhor. É o momento de se esforçar para não depender dos outros, aprender a andar com as próprias pernas, mergulhar fundo em seu mundo interior, renovar pensamentos, jogar fora preconceitos, julgamentos, implicâncias com coisas e pessoas.

Você precisa valorizar todo o bem que a vida lhe deu, saber que está na Terra para amealhar conhecimento, desenvolver os potenciais do seu espírito, confiar na vida e olhar a verdade dos fatos sem sofrer, sabendo que tudo está certo porque a vida sempre faz o melhor. Esse esforço lhe trará sabedoria e a inspiração constante dos espíritos de luz.

A vida de seu pai foi interessante, mas se for escrever, não direcione seu pensamento a esse tema. Estabeleça um horário, coloque uma música suave, papéis e lápis ou, se preferir, use computador, concentre-se e espere.

Escreva com naturalidade todas as frases que ouvir dentro de sua cabeça, sem se preocupar, nem julgar. Só quando terminar, leia, avalie e guarde. Repita isso uma vez por semana no horário que você marcou. Não aceite escrever fora dele. É preciso manter disciplina. É fundamental ter bom senso e estudar mediunidade. Há livros de renomados cientistas, relatando suas experiências sobre o assunto.

Se decidir aceitar, a vida colocará fatos, situações, pessoas esclarecidas à sua volta para auxiliá-la em tudo que precisar. Nada lhe faltará. Mas para dar certo, você vai precisar fazer a parte que lhe cabe. Experimente e verá!

226

**Você está aqui para cuidar
de você, se colocar em primeiro
lugar. Os outros vêm depois.**

Você sempre ganha!

37

Sem perspectivas na vida

Estou atravessando um momento tão ruim em minha vida, mas digo à senhora: nunca tive felicidade e as coisas ultimamente têm se tornado cada vez mais difíceis. Procuro entender o motivo de tudo dar errado. Tenho 40 anos, moro com meus pais, não tenho independência e tenho uma filha. Estou desempregada, sofro muito por não encontrar alguém para ser meu companheiro, estou apaixonada por uma pessoa que faz pouco caso de mim. Clamo ao Senhor, sei que

***na vida tudo depende da vontade de
Deus. O que acontece?***

Ao ler sua carta, senti que você ainda não assumiu a responsabilidade por sua vida. Sente-se mal por depender dos pais, mas não faz nada para libertar-se e começar a andar com suas próprias pernas.

Você é formada, continua estudando, e certamente está capacitada para encontrar um bom emprego. Será que atrás da dificuldade de achar um trabalho, não está o medo de ser independente?

Para ser independente, é preciso acreditar na própria capacidade. O fato de ser tratada com pouco caso pela pessoa que ama, demonstra que não está se valorizando. Você é comodista e, apesar do que diz, espera que Deus, em um passe de mágica, cuide de seus problemas.

Essa é sua maior ilusão. Ao dar-lhe a vida, Deus colocou dentro de seu espírito, tudo que precisa para progredir e está esperando que você faça a sua parte para conquistar o progresso que veio buscar na Terra. Mas você não usa os poderes que tem.

É esse o motivo de nada dar certo em sua vida. Enquanto você não mudar sua maneira de se ver, enquanto não enxergar as coisas como elas são, os problemas vão aumentar ainda mais. Os problemas aparecem para estimular a sua reação e fazê-la começar a utilizar a própria força.

Por alguns momentos, deixe de lado os pensamentos da situação atual e foque sua atenção nos momentos felizes que já viveu. Lembre-se das coisas boas que já tem. A saúde, a filha, o apoio dos pais, a oportunidade de estudar, a casa que a agasalha etc.

Vá para um lugar sossegado, peça inspiração divina e agradeça a Deus por ter lhe dado a vida que lhe permite usufruir de todas essas coisas. A gratidão eleva o espírito, ligando-a com Deus.

Neste momento, só existe você. Mergulhe fundo nos seus sentimentos. Imagine como gostaria que sua vida fosse; sinta que deseja o melhor para si. Deixe fluir todo o amor que brota em seu ser, envolva seu corpo com essa energia. Sinta o quanto sua alma deseja se expressar, elevar-se, integrar-se na harmonia da vida, ficar no bem.

Esse contato com sua alma poderá trazer à tona as emoções represadas há muito tempo e até as que têm origem em outras vidas. Deixe-as fluir livremente, apenas sentindo, sem julgar. Quando serenar, se sentirá muito aliviada.

A partir daí, firme o propósito de sair da queixa, e buscar o lado positivo das coisas. Ao agir assim, os pensamentos ruins surgirão para desafiá-la. É que estão automatizados pelo uso. Não os alimente, e reforce o positivo. Insista e eles vão desaparecer. Invista em você, acredite que tem o poder de mudar seu destino, escolhendo seu lado melhor. Sinta a beleza de sua alma, valorize-se, seja verdadeira em suas atitudes. Seja só o que você é, não tenha medo de se expressar, faça brilhar a sua luz.

Estando bem consigo mesma e com a vida, tudo vai acontecer do jeito certo. Na profissão, nos relacionamentos e no amor. Vai aparecer a pessoa adequada às suas necessidades, capaz de proporcionar-lhe momentos de alegria e felicidade. Experimente e verá!

Você está onde se põe. É a lei da vida. Escolher se colocar em um lugar melhor fará sua vida mudar e as coisas boas começarão a acontecer. A escolha está em suas mãos!

Você sempre ganha!

38

A felicidade é sempre possível

Tenho 60 anos, sou sua fã. Será que você poderia me explicar por que não sou uma pessoa feliz, ou melhor, nunca me senti uma pessoa feliz? Estou sempre insatisfeita, vivo endividada, trabalho em um colégio particular. No amor nunca tive sorte, amei muito uma pessoa, mas não nos casamos. Conheci outra, tivemos uma paixão e daí nasceu uma menina que hoje está com 15 anos. Será que vou ser feliz? Encontrar alguém?

Ninguém pode ser feliz vivendo fora da realidade. Você criou um mundo de ilusões e colhe o resultado de suas escolhas. Como quer que as coisas deem certo se não enxerga todas as coisas boas que tem em sua vida? Coloca a culpa de seus fracassos amorosos na falta de sorte como se não tivesse nenhuma responsabilidade nos fatos que lhe acontecem.

Dá para notar que apesar das experiências que já viveu, você continua esperando a chegada do "príncipe encantado" que em um passe de mágica vai lhe dar a felicidade. Isso não existe.

Um bom relacionamento só acontece quando a pessoa está centrada, cuida de si com amor, valoriza o que já tem e não coloca nos ombros do parceiro a obrigação de fazê-la feliz.

Na troca afetiva é necessário que haja respeito aos valores éticos e espaço e entendimento, para que cada um expresse seus sentimentos do jeito que lhe é peculiar.

Você vive mergulhada no futuro e perde a chance de programar melhor sua vida. É preciso focar sua atenção no presente porque o futuro vai depender do agora. Pelos resultados que tem colhido, dá para perceber o quanto tem se distanciado do seu melhor.

Enquanto não acordar para a realidade, só vai atrair relacionamentos infelizes. Você precisa assumir a inteira responsabilidade pela sua vida. Aprender a se conhecer intimamente, descobrir e experimentar no dia a dia como pode se fazer feliz. Só você pode sentir o que lhe dá prazer. Se olhar com amor, cuidar de sua aparência com carinho, sem julgamento, olhando seu lado melhor, cultivar o otimismo, fazer de sua casa um lugar agradável, alegre, bonito. Coloque flores, música, beleza. Sua casa é você. Reflete seu estado de espírito.

Pense em sua filha. Ela merece viver em um lar aconchegante e um ambiente gostoso. É provável que vivendo do seu lado, ela também já tenha entrado na sua ilusão e esteja abdicando do próprio poder e colocando sua felicidade nas mãos dos outros. Está em tempo de mudar tudo isso.

À medida que você for reagindo, melhorando seu modo de ver, ela também irá reformulando seus pensamentos, tornando-se mais feliz.

A única maneira de equilibrar suas finanças, é tomar cuidado com o consumismo, controlar as despesas. Nunca gastar mais do que pode.

No início, é preferível comprar à vista sempre que puder, para evitar os juros. Seja firme, faça seu dinheiro render. Diante da tentação de comprar, se pergunte: Eu preciso mesmo comprar isso?

Espero que você tenha entendido que sua vida está do jeito que você programou e a responsabilidade foi só sua. Não se culpe por isso. É bom saber que você tem esse poder.

Saiba que não existe fracasso, você sempre foi um sucesso. Está apenas colhendo o que plantou, mas está em suas mãos mudar. Assuma todo seu poder, acredite na própria força, só faça e queira o melhor. Você merece. Pense alto, não há limites para seu progresso.

A vida é Deus em ação, e já colocou dentro de você tudo o que precisa para que possa enfrentar todos os desafios do amadurecimento e vencê-los. Confie e siga em frente.

Celebre a vida, cultive a alegria e seja feliz!

É preciso aprender a cultivar o bem-estar. Nada é mais importante. Quando você está bem, atrai o melhor na vida.

Você sempre ganha!

39

Você pode
mudar sua vida

Gostaria de saber por que quando sonho com meu pai, morto há alguns anos, sinto ele gelado, desfigurado, caminhando devagar e com dificuldade e eu estou ao lado dele? Estou numa fase difícil, perdi o emprego há pouco tempo e compreendo que isto também é um luto. Será que pode estar relacionado com esta fase que ainda estou vivendo?

Pelo que me relatou detalhadamente na carta, faz cinco anos que seu pai morreu e você

241

continua ligada a ele. Como era seu relacionamento com ele? Talvez ele tenha sido muito protetor e você tenha se habituado a tomar decisões apoiada nele.

Essa atitude, fez com que anulasse sua capacidade de dirigir a própria vida e agora, que ele se foi, não consegue confiar no próprio arbítrio. Um sonho pode ser interpretado de várias formas. Há o sonho fruto de um desejo, ou de uma preocupação, quando o seu espírito, que deveria ir para o astral refazer suas energias, permanece junto ao corpo, se autotorturando com suas dificuldades. Ao acordar, no dia seguinte, sente-se cansado, corpo pesado e dolorido.

Geralmente os sonhos que se repetem, com poucas diferenças, são classificados de psicológicos e são provocados pelo seu próprio espírito que deseja que você tome consciência de atitudes suas que estão limitando e dificultando o seu desempenho.

É possível que esse seja o seu caso. Mas só você poderá descobrir analisando os detalhes e sentindo o que significam.

Você perdeu o emprego e é bom analisar os motivos respondendo a estas perguntas:

Você gostava do que estava fazendo? Era pontual e não se importava de ficar um pouco além do horário convencional, se fosse preciso? Se relacionava bem com os colegas, respeitando as diferenças? Caprichava em suas tarefas? Era discreta e mantinha um comportamento estritamente profissional?

Essas são as variáveis que, quando atendidas, mantêm o emprego, a não ser que a empresa feche. Se você perdeu o emprego porque quis sair, é uma decisão pessoal, mas se foi demitida, vai precisar rever suas crenças, renovar suas ideias.

Nesse caso, a presença de seu pai desfigurado, gelado, pode significar que você cultiva falsas crenças que distorcem a realidade, fazendo com que suas coisas caminhem devagar. Os sonhos psicológicos são cheios de símbolos que precisam ser entendidos.

Por outro lado, se esse sonho foi um encontro astral com o espírito de seu pai, o sentido muda completamente. Só você vai poder avaliar, porque conhece o temperamento dele. Se depois de tanto tempo, ele ainda se encontra mal, desfigurado, é porque em vida deve ter sido uma pessoa egoísta, insensível, maldosa.

Também nesse caso, o espírito dele pode ter se recusado a aceitar a ajuda dos espíritos bons, ter se rebelado, se colado a você, sugando suas energias para se manter, e estar provocando todos os problemas pelos quais está passando, sendo necessário procurar ajuda espiritual. Mas se seu pai tiver sido uma pessoa melhor, diferente do que citei, o mais provável é que esteja muito bem e deseje auxiliá-la, o que invalida esta última alternativa.

Analise todas essas variáveis com calma, sinta no seu coração a sua verdade e tome providências com coragem, na certeza de que está em suas mãos o poder para tornar sua vida melhor. Acredite que você pode tudo. Não tenha medo de mudar e experimentar novas atitudes.

Fique do seu lado, cuide muito bem de você, capriche em tudo que fizer. Acredite na vida que tem o propósito de ajudar o seu progresso e vai apoiar seus esforços. Valorize tudo que já tem de bom e cultive a alegria. Ela acenderá a luz do seu espírito, fará seu carisma brilhar e atrair o melhor!

Ninguém é vítima. Cada um é responsável pelas suas atitudes e são elas que determinam os fatos que a pessoa atrai em sua vida.

Você sempre ganha!

40

A falta de amor tem ligação com vidas passadas?

Tenho 30 anos, já fui casada duas vezes, mas nunca fui feliz no campo sentimental. Só arrumo pessoas que me diminuem, me desprezam ou querem se aproveitar de mim de alguma forma. Meu maior sonho é casar novamente, ter uma família, uma casa, um marido que demonstre por mim carinho, atenção e isso nunca acontece. Será que em outra vida destruí o casamento de alguém, fiz alguém sofrer com as dores do coração para hoje eu ser tão infeliz assim? Será que tenho de desistir

*de ser feliz? Será esse o preço a pagar
para que em uma próxima vida eu consiga
ter de volta minha felicidade?*

Pela maneira como você se expressa, dá a entender que não está interpretando os fatos de sua vida com a clareza necessária. Dois casamentos fracassados ainda não conseguiram fazê-la enxergar a realidade.

Você se ilude esperando realizar seu sonho de amor, onde o relacionamento seja perfeito, como em um conto de fadas. A felicidade é mais do que um sonho e é preciso aprender o caminho para conquistá-la.

O primeiro passo é cuidar de você, conhecer o seu mundo interior, sentir como é o seu temperamento, avaliar suas qualidades, seus pontos fracos, descobrir sua verdadeira vocação. Ao desejar ardentemente encontrar um companheiro que satisfaça seus sonhos, você está esperando tudo do outro e não fazendo nada por si.

O resultado tem sido doloroso. Você não se valoriza, não assume a força de seu espírito e, fazendo isso, apaga sua luz, perde o carisma. Dessa forma, acredito que não seja só os seus parceiros que a têm destratado, você já deve ter amargado esse resultado em outras áreas de sua vida.

Quando você imagina que sua infelicidade seja resultado do que fez em outras vidas, está querendo eximir-se da própria responsabilidade. Mesmo que você tenha mesmo errado muito no passado, a vida só permite uma nova encarnação quando a pessoa já evoluiu e tem meios para conquistar uma vida melhor. A vida não joga para perder.

Assuma a sua verdade. Reconheça que está colhendo apenas o resultado de suas escolhas e se deseja melhorar, precisa mudar, enxergar as coisas como elas são, sem medo daqui para frente e não aceitar coisas que a desagradam.

É muito bom viver um amor, dividir nossa vida com alguém que admiramos e construir uma família onde haja cumplicidade, entendimento, respeito. Mas para conquistar esse nível de relacionamento e mantê-lo pelo resto da vida, é preciso saber como.

Muitas vezes, torna-se necessário viver muito tempo sem ninguém, dedicando-se exclusivamente ao próprio progresso, amealhando conhecimento, enriquecendo o espírito, para obter certo nível espiritual, onde o entendimento seja claro e o amor natural. Mas isso demanda tempo e nós só temos o agora.

Portanto, não perca tempo. Hoje mesmo comece a se ver com outros olhos. Reassuma seu poder. Você é muito poderosa. Escolha sempre o melhor, seja otimista e logo as coisas começarão a mudar. E quando você muda para melhor, as pessoas também mudam a forma de tratá-la.

Mesmo diante de seus pontos fracos, nunca se critique, ao contrário, ame seu corpo, ele é o instrumento que a vida lhe deu para aprender a viver. Faça dele um aliado, respeite-o, ajude-o, faça exercícios, cuide da saúde. Corte de suas relações íntimas as pessoas maldosas, negativas, frustrantes, que estão sempre reclamando. Não entre na maldade dos outros.

Faça você feliz nas pequenas coisas do dia a dia. Você não 'tem que' ter alguém para ser feliz. Livre-se dessa necessidade. Seja feliz já, viva com prazer. Aproveite os bons momentos, cultive a alegria.

Estou certa de que quando menos esperar, a vida lhe trará muitas surpresas, provando que há várias maneiras de viver muito bem, de encontrar a felicidade.

O que importa é a alegria,
a felicidade, o bem-estar. E isso
é você quem tem que buscar,
criar nesta vida.

Você sempre ganha!

41

Os caminhos estão fechados porque...

Estou em conflito comigo e com meu pai, perdi minha mãe faz um ano e tenho muito ciúme de meu pai. Brigamos muito pois não quero vê-lo com ninguém. Estou passando por um momento em que na minha vida nada dá certo. Gostaria de saber quem é o meu guia espiritual, se posso fazer alguma coisa para abrir meus caminhos em todas as áreas, inclusive nos relacionamentos. Será que você pode me ajudar?

Se você deseja abrir seus caminhos, melhorar sua vida, o primeiro passo é olhar para dentro de seu coração e sentir o que seu espírito precisa para ser feliz.

Você está focada nos problemas, em seus pontos fracos, o que impede que possa enxergar as coisas boas que possui. Não aceitou a morte de sua mãe, e receia perder o amor de seu pai. Essa é uma ilusão que está lhe trazendo sofrimento e limitando sua vida.

A morte é irreversível e é preciso aceitar o que não tem remédio. Se seu pai desejar refazer sua vida afetiva, você não terá como impedir. Você está misturando as coisas e não percebe como elas realmente são. O amor entre você e seu pai é real e independe de outros relacionamentos que cada um venha a ter. Não aconteceu isso com você quando estava namorando? Deixou de amar seu pai por causa disso?

São as ilusões que a levam a fazer escolhas erradas e trazem infelicidade. Olhar as coisas como elas são, fará com que não crie demasiadas expectativas sobre as pessoas, querendo delas mais do que podem lhe oferecer.

Deixe cada um seguir seu caminho. Você não sabe qual é o plano divino que cada um tem para cumprir. Querer manipular os outros é competir com as leis da vida e isso nunca dará certo. Relaxe! Aceite o que não pode mudar.

Volte-se para si mesma. Faça a sua parte. Descubra seus anseios mais íntimos, e procure realizá-los. Coloque-se em primeiro lugar, diante de si mesma.

Vá para um lugar sossegado, ligue-se com seu guia espiritual, sem se preocupar quem ele é. Converse com ele, peça-lhe que a inspire, fazendo-a sentir como as coisas são.

Para abrir seus caminhos, mude o enfoque costumeiro. Sinta e imagine como você gostaria que sua vida fosse. Pense grande, jogue fora todos os limites. Faça desse sonho seu foco. Acredite que pode tudo, basta querer.

Escreva uma lista de suas qualidades, e firme o propósito de desenvolvê-las ainda mais. Melhore seu nível de conhecimento, faça o curso que sempre desejou, mas nunca fez, ou aprenda a cantar, a dançar, descubra novos talentos. A arte alimenta o espírito e abre a percepção espiritual.

Depois, faça outra lista com seus pontos fracos, olhe-os sem culpa nem medo. Estude-os e procure ir melhorando naturalmente, sem pressa, mas com persistência. Aprenda a controlar suas emoções, a não dramatizar situações, a não entrar nas armadilhas das pessoas maldosas, que querem arrastar você em suas loucuras.

Não se deixe manipular pelos outros. Seja verdadeira em seus sentimentos. Não faça nada de que não goste, nem exija que os outros façam o que você quer. É o respeito mútuo que torna um relacionamento duradouro.

Seja uma pessoa agradável, espirituosa, alegre, enriqueça sua vida. Assim, você se tornará para seu pai, a filha que ele sempre quis, fortalecendo os laços de amor que os une. Então você estará pronta e vai atrair o companheiro certo, que a fará muito feliz.

Tudo isso acontecerá só se você fizer a sua parte. Mas vale a pena tentar porque quando você quer e se mobiliza, as forças positivas do universo conspiram a seu favor. Tente!

Tudo tem a sua hora, e muitas vezes a solução não depende de nós. A vida é sábia e tem seus próprios caminhos. Deixe o tempo correr. Aos poucos, tudo vai se encaminhar para o lugar certo.

Você sempre ganha!

Aprendendo
a dizer "não"

Tenho 50 anos e estou passando por um dilema. Minha cunhada quer passar uns dias em minha casa. Ela é inconveniente e fico muito irritada. Fala mal de todos da família do meu marido e eu já moro longe deles para não participar de problemas que não me dizem respeito. Canta em voz alta músicas evangélicas que eu detesto, pois sou católica. Quero dar um corte, sem ofendê-la. Mas, se eu magoá-la, vou ficar mal comigo. Como fazer isso?

A forma conflitante com a qual você está olhando essa situação não lhe permite enxergar a melhor solução. Portanto, o primeiro passo é analisar seus sentimentos. Por que será que as atitudes dela a irritam tanto?

Você tem todo o direito de preservar sua privacidade, escolher as amizades que lhe agradam e lhe tragam bem-estar. Acontece que, com o casamento, você se ligou com pessoas que não escolheu, mas que surgiram em sua vida e começaram a fazer parte dela.

Você gosta de morar longe da família do seu marido para não se envolver com os problemas deles. Ao omitir-se, passa a impressão de que lhe é difícil enfrentar as dificuldades do dia a dia. Se o simples fato de sua cunhada passar alguns dias em sua casa a deixa tão perturbada, é bom ir mais fundo e analisar o verdadeiro motivo de sua atitude.

A cunhada é inconveniente, desagradável, você não a aprecia. Mas por outro lado, se ela insiste em visitá-los é porque gosta de estar com vocês. Há pessoas que vivem tão fora da realidade que só enxergam a si mesmas. Sua cunhada pode ser uma delas e talvez nem perceba o quanto está invadindo a privacidade dos outros.

Em vez de irritar-se e querer omitir-se, que tal você tentar se colocar e tentar trazê-la para a realidade? Essa seria uma boa maneira de resolver seu dilema.

Claro que para obter bom resultado você precisaria aprender a maneira adequada de fazer isso. Ao resolver uma situação que a está infelicitando, você se sentiria muito bem, principalmente porque seu relacionamento com a família de seu marido se tornaria natural e agradável. Ele ficaria feliz e você em paz.

Entretanto, precisa sair do seu comodismo e enfrentar o desafio com coragem. Entenda que sua cunhada é como uma criança que precisa de orientação. Talvez a vida a esteja aproximando de você para que possa auxiliá-la a tornar-se uma pessoa melhor.

Evite criticá-la para não se tornar igual a ela. Olhe-a com bondade, procure enxergar suas qualidades. Todas as pessoas as têm. Quando ela começar a cantar, você se coloque. Diga que tem outra religião, peça-lhe que a respeite e só cante quando estiver só.

Quando comentar o problema de alguém, mencione alguma qualidade dessa pessoa. Quando falar demais, ligue o som com músicas em voga, cante e peça para que ela a acompanhe.

Ao mesmo tempo, cuide de seu mundo interior, prepare-se emocionalmente para gerenciar sua irritação, seu mau humor, antegozando o prazer de vencer uma situação que a está exacerbando e perturbando sua vida familiar.

Quando se sentir mais centrada e pronta, faça um passeio e convide sua cunhada para ir junto com você. A esta altura, você já a estará vendo com outros olhos e dessa vez tudo será diferente.

Depois de alguns dias, ela irá embora e, em vez do calmante, você se sentirá aliviada. Terá descoberto a própria força, terá mais condições de enfrentar os desafios que a vida vai lhe mandar. Estou certa de que você vai conseguir.

Aprenda a dizer não. Os outros o respeitam quando você é verdadeiro no que diz.

Você sempre ganha!

43

As tendências do espírito

É verdade que, quando uma pessoa reencarna, ela tende a voltar para meios nos quais conviverá com as "fraquezas" de outra vida, como, por exemplo, roubar, beber ou mentir?

As pessoas sempre têm a intenção de fazer o que lhes parece ser o melhor e, quanto mais ignorantes, mais distorcem os verdadeiros valores do espírito, escolhendo caminhos que julgam ser os mais fáceis para alcançar seus objetivos de progresso e de felicidade.

Entram nas ilusões, acreditando que vale tudo para conseguir seus fins e que se ninguém descobrir, ficarão impunes. Como a vida responde a cada um conforme suas atitudes, vão colher os resultados do que fizeram.

Os que enriqueceram à custa da corrupção, da ganância, da desonestidade, um dia serão colocados em situações em que descobrirão que há coisas que o dinheiro não consegue comprar. A desilusão, a falta de saúde, a frustração, o sofrimento, os farão descobrir seus pontos fracos, seus erros, e quase sempre, depois da morte, ao tomar consciência de sua trajetória, sentem-se arrependidos, dedicam-se aos estudos das leis cósmicas e aprendem que elas são eternas porque perfeitas e disciplinam os seres no caminho da evolução.

Esses, por sua vez, reconhecem seus pontos fracos, aceitam a orientação dos espíritos superiores e pretendem voltar a encarnar para que esquecidos do passado, possam testar sua melhora.

Outros, porém, revoltam-se por terem sidos justiçados pela vida, acusam os outros pelas suas dificuldades, aliam-se às falanges das trevas, pretendendo vingar-se dos seus desafetos.

Intitulam-se justiceiros, mergulham cada vez mais no mal, até que com o tempo, não suportando mais a dor, desejem aceitar a ajuda e recomeçar.

Diante das leis cósmicas, cada um é inteiramente responsável por suas escolhas e em qualquer etapa de sua evolução colherá o que plantou.

Uma encarnação representa uma nova oportunidade para comprovação das conquistas espirituais que aquele espírito fez e há muita alegria quando ele retorna a vida astral tendo conseguido algum progresso.

Por esse motivo é que ao renascer o passado é esquecido, mas apesar disso, ele ainda está registrado em seu subconsciente e se não houver um controle de suas tendências, ele poderá repetir tudo o que fez anteriormente e assim perder a oportunidade de progredir.

Alguns ficam durante muitos anos nesse círculo vicioso, prometendo que quando estiver na Terra vão resistir a suas fraquezas, mas fracassando na hora da prova.

O espírito que aceitou a orientação dos superiores reencarna sempre com um programa de reajuste e ao lado dele sempre estão amigos espirituais, inspirando-o nos momentos de tentação para que não ceda.

Não é a vida quem traz a oportunidade de fracasso, mas as tendências viciosas que ele ainda não venceu é que o tentam a voltar ao caminho do erro. Uma pessoa com tendência ao alcoolismo, à violência, à desonestidade, só terá condições de vencer seus vícios se reconhecer, aceitar sua realidade e, do fundo do seu coração, desejar vencer suas fraquezas. Quem vence um vício e permanece resistindo a ele, acabará por eliminar suas más tendências e acaba por se tornar uma pessoa melhor.

Ninguém é vítima senão de si mesmo. Você contribuiu para ter o resultado que obteve e se ele não foi bom deve se perguntar: o que a vida quer me ensinar com isso?

Depois aguarde, preste atenção porque a vida sempre responde. Identificando qual o seu ponto fraco que provocou a situação, corrigindo-o e, assim que você aprende a lição, a situação se modificará.

Cada espírito possui uma vocação e só se sente feliz quando consegue utilizá-la.

Você sempre ganha!

44

Só vou ficar
bem quando...

Faz um ano que meu marido desencarnou, ficamos só eu e minha filha. Procuro ser forte porque minha filha precisa de mim. Ela está com 38 anos, já ficou noiva duas vezes e a cada fim de noivado ela sofre muito. Ela não consegue ser feliz com alguém, será que ela foi muito ruim em vidas passadas? Por favor, me ajude.

Se deseja ajudar sua filha, o primeiro passo é acalmar sua ansiedade e procurar olhar a vida como ela é, acabar com sua ilusão de mãe, imaginando que ela só será feliz se casar e realizar o seu sonho de amor. A pressão desse sentimento sobre ela está contribuindo para aumentar o desconforto que ela está sentindo pela situação.

Você deveria ficar feliz por sua filha ter se libertado de um amor possessivo, que só lhe traria sofrimento. A vida a está protegendo e evitando que ela entre em uma situação pior. Os noivados acabaram porque ela ainda não está pronta para conquistar algo melhor.

É bom ter um amor, uma família bem constituída, mas essa conquista tem um preço que cada um precisa pagar para obter e só vai acontecer, quando a pessoa já aprendeu o que precisa para manter uma relação equilibrada.

Um relacionamento neurótico, insatisfatório, além de infelicitar o casal, torna o ambiente do lar pesado, os filhos não se entendem, não há paz, prosperidade, alegria. Um ambiente assim favorece o aparecimento de doenças, o dinheiro míngua, nada dá certo.

Quando as coisas vão mal, é fácil jogar a culpa nos outros, não querendo assumir a própria responsabilidade, nem reconhecer que tudo quanto lhe está acontecendo é o resultado de suas próprias escolhas e atitudes. Essa é uma ilusão que tapa o sol com a peneira e mantém o círculo vicioso, não permitindo a pessoa enxergar aquilo que é.

Não se iluda. O momento está indicando que, cada uma de vocês precisa parar, sentir o que vai dentro do seu coração e buscar antes de tudo o caminho do equilíbrio interior.

O espírito é eterno, estagia na Terra para desenvolver a consciência e evoluir. Traz um projeto divino de vida que é de sua responsabilidade realizar. Está aqui para amadurecer, aprender a lidar com as leis divinas que regem a vida.

Deus colocou dentro de cada um tudo que precisa para vencer as dificuldades do caminho. Valorizar-se é assumir a força do próprio espírito e utilizá-la em favor do próprio equilíbrio.

Sinta suas qualidades, aprenda como fazer-se feliz nas pequenas coisas do dia a dia. A felicidade está em você, não a coloque nas mãos dos outros. Esse poder é só seu. Sinta o que lhe dá prazer e não faça nada que a deixe mal, respeite seus sentimentos. Respeite os outros, mas faça-se respeitar aprendendo dizer não quando for preciso.

Enriqueça seu conhecimento, interesse-se por assuntos que lhe deem prazer, abra sua mente, faça um curso. Cultive novos amigos, expresse a alegria, coopere com a vida, faça algo a favor do planeta. Distribuía seu amor em tudo que fizer. A vida multiplicará todo bem que fizer.

Agindo assim, vocês estarão muito bem, alegres, satisfeitas. Quando for oportuno, mudanças vão ocorrer, transformando tudo para melhor e nelas poderão estar incluídas, não apenas um sonho de amor, que o tempo pode destruir, mas a ligação com pessoas que venham somar, criando laços de amor que permanecerão vivos não só na Terra, mas se tornarão eternos durante todas as outras vidas.

Experimentem, vocês vão conseguir.

**Aprenda a valorizar a vida,
ser feliz, aproveitar o momento
presente para criar situações
de alegria e beleza, alimentar
a alma, viver melhor.**

Você sempre ganha!

45

Ser feliz
sem sofrer

Queria muito que você me ensinasse a não mais sofrer e ser feliz. É possível?

Desejo que saiba que não tenho a pretensão de ensinar nada a ninguém, apenas contar minhas descobertas e experiências no decorrer dos meus muitos anos de vida, como uma contribuição na conquista do nosso senso de realidade.

Um querido amigo espiritual costuma repetir sempre uma frase simples: "O que é, é. O que não é, não é".

No começo, pareceu-me ser algo tão simples que não merecia um estudo maior. Contudo, no decorrer do tempo, descobri o que ele queria dizer: só a verdade tem o poder de nos levar para frente.

Todo sofrimento que passamos tem origem em nossa maneira equivocada de ver as coisas. Geralmente, fugimos de enfrentar a verdade por acreditar que ela seja sempre cruel e dura.

Temos prazer em sonhar e imaginar como gostaríamos que as coisas fossem, o que seria muito bom, se tivéssemos uma visão clara do que realmente somos, o que infelizmente não acontece. Entre imaginar e realizar, há uma substancial distância, que passa pela diferença de querer ser, sem fazer nada para testar nossa força de fato.

Todos desejamos o melhor, mas se no íntimo nos impressionamos com a opinião dos outros, nos enxergamos como fracos, temos medo de nos expor, de ousar, fica claro que nunca conseguiremos realizar os nossos sonhos.

Sem olharmos nossa realidade interior, sem conhecermos nossa capacidade, nos escondendo diante dos desafios, que no dia a dia buscam nos mostrar como a vida funciona, continuaremos indefinidamente nos altos e baixos da insatisfação.

Se continuarmos a olhar somente o que se passa no mundo de fora, estaremos longe da realidade, vivendo só pelas aparências, ignorando o verdadeiro sentido da vida.

Já disse um amigo espiritual: "Nada do que parece é. Mas o que é, sempre aparece".

A verdade é inexorável. Ela quer tirar a venda dos nossos olhos, mostrar que, ao contrário do que acreditamos, conhecer a verdade nos conduz ao equilíbrio, traz paz e felicidade.

Você não acredita? Vê a dor, o sofrimento como reais, quando na verdade são reflexos da ignorância de quem se ilude com valores distorcidos?

Na verdade, nosso espírito é eterno, sua essência é divina. Você está encarnado neste planeta para viver aquilo que acredita e aumentar seu senso de realidade.

Já afirmava Jesus: "Toda planta que meu pai não plantou, será arrancada", significando que só o conhecimento da verdade nos libertará da ignorância que nos traz a dor e o sofrimento.

Mas a verdade tem um preço que precisaremos pagar, porquanto a conquista de uma vida equilibrada, produtiva, proveitosa, só vai acontecer quando deixarmos de valorizar o que parece e irmos mais fundo naquilo que é.

Ao manter essa intenção notei que minha intuição se desenvolveu mais, ampliou-se. Conhecer as coisas como são, ajuda a melhorar nossos relacionamentos, evita criar expectativas sobre quem não tem o que oferecer.

Conhecer a si mesmo, cria um foco que direciona nossos projetos de maneira adequada, pois a intuição favorece a correção de rumo, nos levando às realizações e ao prazer da vitória.

O conhecimento da espiritualidade, a prova de que a vida continua depois da morte, o contato com meus amigos espirituais, seus ensinamentos, tudo isso mudou minha vida, trouxe-me paz, alegria, luz, força para enfrentar os desafios.

"O que é, é. O que não é, não é." Ponto final!

**Feliz é aquele que sabe que
nada é como parece. É buscando
a essência que a verdade aparece!**

Você sempre ganha!

GRANDES SUCESSOS DE
ZIBIA GASPARETTO

Com 17 milhões de títulos vendidos, a autora
tem contribuído para o fortalecimento da literatura
espiritualista no mercado editorial e para a popularização
da espiritualidade. Conheça os sucessos da escritora.

Romances
pelo espírito Lucius

A verdade de cada um

A vida sabe o que faz

Ela confiou na vida

Entre o amor e a guerra

Esmeralda

Espinhos do tempo

Laços eternos

Nada é por acaso

Ninguém é de ninguém

O advogado de Deus

O amanhã a Deus pertence

O amor venceu

O encontro inesperado

O fio do destino

O poder da escolha

O matuto

O morro das ilusões

Onde está Teresa?

Pelas portas do coração

Quando a vida escolhe

Quando chega a hora

Quando é preciso voltar

Se abrindo pra vida

Sem medo de viver

Só o amor consegue

Somos todos inocentes

Tudo tem seu preço

Tudo valeu a pena

Um amor de verdade

Vencendo o passado

Crônicas

A hora é agora!

Bate-papo com o Além

Contos do dia a dia

Pare de sofrer

Pedaços do cotidiano

O mundo em que eu vivo

O repórter do outro mundo

Voltas que a vida dá

Você sempre ganha!

Coleção – Zibia Gasparetto no teatro

Esmeralda

Laços eternos

Ninguém é de ninguém

O advogado de Deus

O amor venceu

O matuto

Outras categorias

Conversando Contigo!

Eles continuam entre nós vol. 1

Eles continuam entre nós vol. 2

Eu comigo!

Grandes frases

Momentos de inspiração

Pensamentos vol. 1

Pensamentos vol. 2

Recados de Zibia Gasparetto

Reflexões diárias

Vá em frente!

ROMANCES
EDITORA VIDA & CONSCIÊNCIA

Amadeu Ribeiro

A visita da verdade

Juntos na eternidade

O amor não tem limites

O amor nunca diz adeus

Reencontros

Segredos que a vida oculta vol.1

A beleza e seus mistérios vol.2

Amores escondidos vol.3

Ana Cristina Vargas
pelos espíritos Layla e José Antônio

A morte é uma farsa

Em busca de uma nova vida

Em tempos de liberdade

Encontrando a paz

Ídolos de barro

Intensa como o mar

O bispo

O quarto crescente

Sinfonia da alma

Loucuras da alma

André Ariel

Surpresas da vida

Em um mar de emoções

Eu sou assim

Carlos Henrique de Oliveira

Ninguém foge da vida

Tudo é possível

**Feliz é aquele que sabe que
nada é como parece. É buscando
a essência que a verdade aparece!**

Você sempre ganha!

GRANDES SUCESSOS DE
ZIBIA GASPARETTO

Com 17 milhões de títulos vendidos, a autora
tem contribuído para o fortalecimento da literatura
espiritualista no mercado editorial e para a popularização
da espiritualidade. Conheça os sucessos da escritora.

Romances
pelo espírito Lucius

A verdade de cada um

A vida sabe o que faz

Ela confiou na vida

Entre o amor e a guerra

Esmeralda

Espinhos do tempo

Laços eternos

Nada é por acaso

Ninguém é de ninguém

O advogado de Deus

O amanhã a Deus pertence

O amor venceu

O encontro inesperado

O fio do destino

O poder da escolha

O matuto

O morro das ilusões

Onde está Teresa?

Pelas portas do coração

Quando a vida escolhe

Quando chega a hora

Quando é preciso voltar

Se abrindo pra vida

Sem medo de viver

Só o amor consegue

Somos todos inocentes

Tudo tem seu preço

Tudo valeu a pena

Um amor de verdade

Vencendo o passado

Carlos Torres

A mão amiga
Querido Joseph
Uma razão para viver

Eduardo França

A escolha
A força do perdão
Enfim, a felicidade
Vestindo a verdade
Vidas entrelaçadas

Evaldo Ribeiro

Eu creio em mim
O amor abre todas as portas
(pelo espírito Maruna Martins)

Márcio Fiorillo

Nas esquinas da vida

Floriano Serra

A outra face
A grande mudança
Ninguém tira o que é seu
Nunca é tarde
O mistério do reencontro
Quando menos se espera...

Gilvanize Balbino
pelos espíritos Ferdinando e Bernard

O símbolo da vida
De volta pra vida (pelo espírito Saul)

Leonardo Rásica

Celeste - no caminho da verdade

Lucimara Gallicia

pelo espírito Moacyr

O que faço de mim?

Sem medo do amanhã

Lúcio Morigi

O cientista de hoje

Marcelo Cezar

pelo espírito Marco Aurélio

A última chance

A vida sempre vence

Coragem para viver

Ela só queria casar...

Medo de amar

Nada é como parece

Nunca estamos sós

O amor é para os fortes

O preço da paz

O próximo passo

O que importa é o amor

Para sempre comigo

Só Deus sabe

Treze almas

Tudo tem um porquê

Um sopro de ternura

Você faz o amanhã

Maura de Albanesi

pelo espírito Joseph

O guardião do Sétimo Portal

Meire Campezzi Marques

pelo espírito Thomas

A felicidade é uma escolha

Cada um é o que é

Carlos Torres

A mão amiga
Querido Joseph
Uma razão para viver

Eduardo França

A escolha
A força do perdão
Enfim, a felicidade
Vestindo a verdade
Vidas entrelaçadas

Evaldo Ribeiro

Eu creio em mim
O amor abre todas as portas
(pelo espírito Maruna Martins)

Márcio Fiorillo

Nas esquinas da vida

Floriano Serra

A outra face
A grande mudança
Ninguém tira o que é seu
Nunca é tarde
O mistério do reencontro
Quando menos se espera...

Gilvanize Balbino

pelos espíritos Ferdinando e Bernard

O símbolo da vida
De volta pra vida (pelo espírito Saul)

Leonardo Rásica
Celeste - no caminho da verdade

Lucimara Gallicia
pelo espírito Moacyr

O que faço de mim?
Sem medo do amanhã

Lúcio Morigi
O cientista de hoje

Marcelo Cezar
pelo espírito Marco Aurélio

A última chance
A vida sempre vence
Coragem para viver
Ela só queria casar...
Medo de amar
Nada é como parece
Nunca estamos sós
O amor é para os fortes
O preço da paz

O próximo passo
O que importa é o amor
Para sempre comigo
Só Deus sabe
Treze almas
Tudo tem um porquê
Um sopro de ternura
Você faz o amanhã

Maura de Albanesi
pelo espírito Joseph

O guardião do Sétimo Portal

Meire Campezzi Marques
pelo espírito Thomas

A felicidade é uma escolha
Cada um é o que é

Mônica de Castro
pelo espírito Leonel

A força do destino
A atriz
Apesar de tudo...
Até que a vida os separe
Com o amor não se brinca
De frente com a verdade
De todo o meu ser
Desejo – Até onde ele pode te levar? (pelos espíritos Daniela e Leonel)
Gêmeas
Giselle – A amante do inquisidor

Greta
Impulsos do coração
Jurema das matas
Lembranças que o vento traz
O preço de ser diferente
Segredos da alma
Sentindo na própria pele
Só por amor
Uma história de ontem
Virando o jogo

Rose Elizabeth Mello

Desafiando o destino
Verdadeiros Laços
Os amores de uma vida
Como esquecer

Sérgio Chimatti
pelo espírito Anele

Apesar de parecer... Ele não está só
Lado a lado
Ecos do passado
Os protegidos
Um amor de quatro patas

Conheça mais sobre espiritualidade com outros autores de sucesso.

 vidaeconsciencia.com.br /vidaeconsciencia 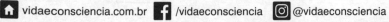 @vidaeconsciencia

Rua Agostinho Gomes, 2.312 — SP
55 11 3577-3200

contato@vidaeconsciencia.com.br
www.vidaeconsciencia.com.br